Etty Hillesum
HUMANIDADE ENRAIZADA EM DEUS

Frei MichaelDavide

Etty Hillesum

HUMANIDADE ENRAIZADA EM DEUS

Dados Internacionais de Catalogação na Publicação (CIP)
(Câmara Brasileira do Livro, SP, Brasil)

MichaelDavide, Frei
  Etty Hillesum : humanidade enraizada em Deus / Frei MichaelDavide ; [tradução Maria do Rosário de Castro Pernas]. -- São Paulo : Paulinas, 2019. -- (Coleção sal & luz)

  Título original: Etty Hillesum : umanità radicatain Dio
  Bibliografia.
  ISBN 978-85-356-4481-4

  1. Coragem 2. Deus - Amor 3. Fé 4. Hillesum, Etty, 1914-1943 - Religião 5. Holocausto judeu (1939-1945) - Holanda - Amsterdã 6. Vida espiritual - Judaísmo I. Título. II. Série.

18-22109   CDD-290

Índice para catálogo sistemático:

1. Mulheres judias : Vida espiritual 290

Maria Paula C. Riyuzo - Bibliotecária - CRB-8/7639

Título original da obra: Etty Hillesum – Umanità radicata in Dio
© Paoline Editoriale Libri, Figlie di San Paolo, 2014.
Via Francesco Albani, 21 – 20149 Milano – Italy
© Tradução: Inst. Missionário Filhas de São Paulo – Paulinas Portugal.

1ª edição – 2019
1ª reimpressão – 2019

Direção-geral: Flávia Reginatto
Editora responsável: Vera Ivanise Bombonatto
Tradução: Maria do Rosário de Castro Pernas
Copidesque: Mônica Elaine G. S. da Costa
Coordenação de revisão: Marina Mendonça
Revisão: Sandra Sinzato
Gerente de produção: Felício Calegaro Neto
Projeto gráfico: Jéssica Diniz Souza

Nenhuma parte desta obra poderá ser reproduzida ou transmitida por qualquer forma e/ou quaisquer meios (eletrônico ou mecânico, incluindo fotocópia e gravação) ou arquivada em qualquer sistema ou banco de dados sem permissão escrita da Editora. Direitos reservados.

Paulinas
Rua Dona Inácia Uchoa, 62
04110-020 – São Paulo – SP (Brasil)
Tel.: (11) 2125-3500
http://www.paulinas.com.br – editora@paulinas.com.br
Telemarketing e SAC: 0800-7010081
© Pia Sociedade Filhas de São Paulo – São Paulo, 2019

Monumento no campo de trânsito de Westerbork (na província holandesa de Drenthe), onde Etty Hillesum trabalhou e morou antes de ser deportada e morta em Auschwitz. Os dois trilhos partidos e levantados mostram que, daqui para a frente, já não se pode continuar a viajar no comboio do ódio que humilha e mata.

Dedico este livro
ao padre Ghislain Lafont,
monge exemplar e exímio teólogo:
ele que me indicou Etty Hillesum,
a Irmã Mística,
para me ajudar
a manter viva a chama
do cadinho interior,
num momento em que
corria o risco de se apagar.
Com gratidão!

Sumário

Prefácio: A mensagem universal de Etty Hillesum 11

Introdução: Como uma borboleta 19

Na raiz está Deus 33
  Deus íntimo 33
  Deus nascente 38
  Deus indefeso 45
  Deus melodioso 52
  Palavras-pérolas 59

O fruto é a nossa humanidade 75
  O humano como solidão 75
  O humano como discrição 85
  O humano como comunhão 101
  O humano como confiança 111
  Palavras-pérolas 117

Conclusão: A outra Ester 131

Bibliografia 141

Prefácio
A mensagem universal de Etty Hillesum

Apresentar a interpretação de frei MichaelDavide sobre a mensagem de Etty Hillesum não é nada fácil, visto tratar-se de um extraordinário conhecedor do pensamento dessa personagem. Leu e estudou a fundo todos os seus escritos, apreendeu na perfeição o seu sentido e, além disso, encontra-se em grande sintonia com ele.

Vou dizer, portanto, o que este livro, escrito de forma magnífica, sugeriu a mim, como homem de pensamento.

1) Primeiro, devemos dizer que frei MichaelDavide identifica com perfeição os eixos fundamentais do pensamento de Hillesum nos dois pontos seguintes:

a) a missão fundamental do homem é tentar enraizar-se em Deus;

b) se o homem o fizer, conseguirá dar frutos ricos de humanidade em cada situação da vida em que se encontre, inclusive nas mais difíceis, mais dramáticas e até desumanas.

Estes dois pontos, embora profundamente verdadeiros, são de caráter geral, e os modos pelos quais se realizariam podem divergir entre si, e muito.

Vejamos então de que modo Etty Hillesum os concretiza na sua vida e no seu pensamento.

2) Etty enraizou-se em Deus, elevando à sua volta o sólido muro da oração e, portanto, recolhendo-se e centrando-se em si própria: "Este retirar-me para a cela fechada da oração torna-se para mim uma realidade cada vez maior, e também um fato cada vez mais objetivo. A concentração interior erige muros altos entre os quais encontro a mim mesma e à minha unidade, longe de todas as distrações".

Portanto, devemos regressar a nós mesmos, *à nascente da vida*. Etty faz uma afirmação particularmente forte a esse respeito: "A nascente de todas as coisas deve ser a própria vida, nunca outra pessoa. Muitos, porém – sobretudo as mulheres –, vão buscar as próprias forças nos outros: a sua nascente é o homem, e não a vida. Essa atitude parece-me completamente distorcida e antinatural".

E ainda: "Escutar-me por dentro. Já não me deixar guiar por aquilo que se aproxima, vindo de fora, mas por aquilo que brota de dentro".

Nesse sentido, ocorre-nos à mente o grande pensamento de Agostinho: *Noli foras ire, in te ipsum redi, in interiore homine habitat veritas* ("Não saias de ti, volta para ti mesmo; a verdade habita no homem interior").

Com base numa homilia de Orígenes, porém, frei MichaelDavide refere-se aos patriarcas como modelos de fé, que se encontram nos textos sagrados, e também àquelas nascentes que estão em nós e das quais brotam rios de água, se formos capazes de remover da alma a terra que as bloqueia. E faz um comentário muito perspicaz: "Para Etty Hillesum, o empenho e o caminho consistem, precisamente, numa verdadeira peregrinação para as nascentes interiores em que [...] se encontra tudo aquilo que é necessário para viver plenamente, de modo a alcançar a total semelhança com o Criador do qual somos imagem".

3) A este conceito associa-se outro muito profundo. A vida deve ser vista de dois modos diferentes. Há a vida que recebemos de modo natural e também há aquela que podemos receber de outro modo, mas que devemos lutar por alcançar: "Entre a *vida* que recebemos e a *vida* que devemos receber, oscila a nossa *vida*, aquela que, no momento, vivemos ou não *vivemos*".

A vida no segundo sentido é a que construímos fazendo jorrar dentro de nós aquela água viva, ou seja, chegando às nossas raízes e encontrando aí Deus.

Impressionou-me, de modo particular, um pensamento de Etty, ao qual frei MichaelDavide faz referência ao comentar uma das palavras a que ele chama "palavras-pérolas", ou seja, a palavra *todavia*: "E, todavia, somos sobretudo nós mesmos que nos roubamos".

Com efeito, cada um de nós recebe o suficiente para ser quem é e desempenhar as tarefas que, enquanto tal, lhe competem, seja qual for a situação em que se encontre. Ora, foi precisamente isso que Etty soube fazer.

Frei MichaelDavide comenta com perspicácia: "Para Etty Hillesum é necessário tomar consciência desse *todavia* que pode mudar de modo tão profundo a percepção dos acontecimentos, de sermos capazes de mudar radicalmente a própria essência das coisas que vivemos. Todavia, o céu nunca nos poderá faltar, nem sequer sobre aquele único pedacinho que a vida nos concede viver".

4) Como se sabe, o drama do holocausto dos judeus tem sido interpretado por alguns como uma prova da inexistência de Deus, ou, pelo menos, como uma tragédia inexplicável, se admitirmos a existência de Deus.

Mesmo depois de ter compreendido que os nazistas tinham em vista a eliminação total dos judeus, e os modos pelos quais eles tentavam levar a termo o seu desígnio, Etty Hillesum interpretou tudo isso como um dos momentos em que o mal se manifesta e continuará a se manifestar na história dos homens. Além disso, observa claramente que, por maior que seja, nenhum mal elimina nem pode eliminar completamente o bem. A esse propósito, frei MichaelDavide precisa bastante bem: "Nisto Etty Hillesum é mestra de total lucidez: na capacidade de atribuir um nome certo àquilo que se pode verificar de negativo, sem esquecer que, no exato momento em que algo terrivelmente negativo está acontecendo, continua a crescer o bem, que sempre existiu e persistirá no futuro, enquanto o mal não tem futuro, mesmo quando parece tão assombroso que atrai toda a nossa atenção. Nesse sentido, não é raro que Etty Hillesum se afaste dos seus companheiros de sofrimento, tanto quando estes cedem à ilusão de negar a realidade como quando a identificam totalmente com tudo de penoso e duro que se está vivendo de forma terrível".

Sendo assim, Etty entendeu que a missão mais difícil para um crente é não deixar que a memória de Deus seja arrastada para o mal e "ajudá-lo a sobreviver à tragédia da desumanização".

5) Um dos pensamentos mais profundos e mais belos de Etty é o que diz respeito à dor e ao sofrimento, que precisamente os homens de hoje demonstram, de várias formas, não saber compreender nem aceitar.

Os sofrimentos humanos, com efeito, afastam muitos do divino. Nietzsche dizia que sabemos bem *que* sofremos, mas não sabemos de maneira nenhuma *por que* sofremos. A dor seria um fato destinado a permanecer sempre sem explicação.

Com efeito, para os ateus, a dor e a morte continuam a ser problemas insolúveis.

Etty explica, ao contrário, como a dor pode alargar os horizontes do conhecimento do homem e fazê-lo compreender coisas que de outro modo não entenderia; por con-

seguinte, é um caminho que conduz a Deus: "Se toda esta dor não alargar os nossos horizontes e não nos tornarmos mais humanos, libertando-nos das mesquinharias e das coisas supérfluas desta vida, terá sido inútil".
Os antigos compreenderam isto muito bem. Ésquilo, no *Agamémnon*, dizia que Zeus:

Válida lei fixou
Conhecimento através da dor
[...]
Àqueles que sofreram,
Diké* concede conhecimento.

A uma pergunta que fiz a Hans-Georg Gadamer sobre o sentido da dor, referindo-me a algumas belas páginas por ele escritas sobre o sofrimento, na sua obra-prima *Verdade e método*, ele respondeu-me: "A sua pergunta é muito atual. Na verdade, é necessário encontrar o sentido da dor e do sofrimento na educação de hoje. Há falta de resistência, o que constitui uma tentação e uma ameaça de primeira ordem. Nos jovens, essa carência leva-os a procurar refúgio nas drogas...".

Etty Hillesum faz afirmações análogas: "O homem ocidental não aceita a *dor* como parte desta vida; por isso, nunca consegue extrair dela forças positivas".

---

* A justiça divina. [N.T.]

Só reencontrando as suas ligações com Deus, porém, o homem pode compreender a dor e tirar proveito dela.

Etty diz que é precisamente isso que ela pede a Deus para os outros, ou seja, que consigam "suportar as dificuldades da vida"; "que encontrem força para suportar cada situação".

Desse modo é possível até "ser felizes por dentro [...] sem voltar as costas a todo sofrimento", de tal modo que Etty pode dizer, verdadeiramente, tanto que "a vida é dura, e muito!" como que "a vida é bela".

6) Termino com um pensamento de Etty que achei particularmente tocante e profundo, e que frei MichaelDavide, corretamente, destacou: o homem, por si só tão pequeno, pode tornar-se grande, bastante grande, ou até "cheio de vastidão", caso se una a Deus, ficando cheio dele, que é vastidão infinita.

"A única certeza sobre como te deves comportar só pode brotar das nascentes que jorram do profundo de ti mesma. [...] Meu Deus, te dou graças por me teres criado tal como sou. Dou-te graças porque às vezes me permites estar tão repleta de vastidão, da vastidão que não é senão o meu ser transbordante de ti."

GIOVANNI REALE
Filósofo, historiador e professor universitário italiano

Introdução
Como uma borboleta

Um sentimento de assombro e de surpresa invadiu-me o coração quando – pela primeira vez na minha vida monástica, que já dura quase trinta anos – me liguei à *internet* para acompanhar a audiência geral de Bento XVI, hoje Papa emérito. Era Quarta-Feira de Cinzas – mais um motivo para observar maior comedimento em relação ao computador –, mas fazia dois dias apenas do anúncio da renúncia do Papa, e eu queria *ver* para intuir um pouco melhor o que estava acontecendo na nossa Igreja. O Papa, já completamente voltado a seu retiro de oração e de estudo, surpreendeu-me duas vezes. A primeira, por sua discrição em relação a si próprio; a segunda, pela simples e solene referência a Etty Hillesum, apontada – junto com Pavel Florenskij e Dorothy Day – como modelo de fé a uma Igreja profundamente interpelada pelo anúncio inesperado da renúncia de um Papa. As palavras de Bento XVI ocuparam a lacuna de uma particular expectativa por parte dos seus ouvintes de reencontrarem um mínimo de orientação. Assim, a referência a Etty Hillesum, certamente já prevista pelos colaboradores do Papa, assumiu um peso ainda maior.

Eis as palavras de Bento XVI, que gostaria de colocar no início desta homenagem póstuma à memória de Etty Hillesum: "Penso também na figura de Etty Hillesum, jovem holandesa de origem judaica, que morreu em Auschwitz. Inicialmente afastada de Deus, descobre-o olhando profundamente para dentro de si mesma e escreve: 'Dentro de mim há uma nascente muito profunda. E nessa nascente está Deus. Às vezes consigo alcançá-la, a maior parte das vezes está coberta de pedras e de areia; a essa altura, Deus está sepultado. Então, há que voltar a desenterrá-lo'.[1] Na sua vida dispersa e inquieta, reencontra Deus precisamente no meio da grande tragédia do século XX, a *Shoah*. Esta jovem frágil e insatisfeita, transfigurada pela fé, transforma-se numa mulher cheia de amor e de paz interior, capaz de afirmar: 'Vivo em constante intimidade com Deus'".[2]

Na sua brevidade, as palavras de Bento XVI foram capazes de resumir o caminho interior desta mulher que se encontra no centro de um tríptico de testemunhas da fé do nosso tempo, a ser transmitida às novas gerações. Portanto,

---

[1] E. HILLESUM, *Diario 1941-1943*, edição de Klaas A. D. Smelik. Milão: Adelphi, 2013, p. 153 [ed. port.: *Diário, 1941-1943*. Lisboa: Assírio & Alvim, 2009]. Retifiquei a citação do texto que se encontra no site do Vaticano, com a edição integral.

[2] Cf. www.vatican.va (audiência de Bento XVI, em 13 de fevereiro de 2013).

o seu caminho deve ser contextualizado de modo preciso: a *Shoah*, definida pelo Papa como uma "grande tragédia do século XX". Nestas páginas, queremos percorrer de novo o caminho desta mulher judia – mais de setenta anos depois de sua morte no campo de extermínio de Auschwitz – tentando apreender, através do seu percurso interior, uma leitura possível daquela "grande tragédia", que não só não deve ser esquecida, mas com a qual somos chamados a aprender, para evitar que outras coisas do gênero possam voltar a se repetir. A "grande tragédia" da *Shoah* não é apenas terrível pelo horror a que tantos seres humanos foram submetidos.

É ainda mais assustadora porque ocorreu no coração da *christianitas* da qual nos atrevemos a decantar as raízes, e na Europa – o continente do qual faço parte e de que, por vezes, nos sentimos tão orgulhosos.

Um autor contemporâneo, Olivier Le Gendre,[3] captou um paralelismo entre o que sucedeu no tempo de Etty Hillesum, no coração da civilização e da cultura cristãs, e o que ocorreu – durante cem dias, de 6 de abril a meados de julho de 1995 – em Ruanda, unanimemente considerado o país da África em que a missão evangelizadora parecia já estar consumada. Os mesmos que partilhavam juntos o trabalho nos campos e a missa de domingo massacraram uns aos outros durante cem dias, deixando um milhão de vítimas. E

---

[3] O. LE GENDRE, *Confession d'un cardinal*, Paris: Lattès, 2007, p. 191.

21

isso aconteceu precisamente no país mais cristianizado da África! À defesa ideológica de presumíveis raízes cristãs que, devemos reconhecer, produziram frutos tão amargos, alcançando o cúmulo da impiedade na "grande tragédia da *Shoah*", o caminho de Etty ajuda-nos a contrapor serenamente a certeza de que as raízes cristológicas de tudo aquilo que é autenticamente humano podem ser alcançadas e revitalizadas muito além do sinal do Batismo e, também, fora de uma profissão de fé explícita. Na leitura do seu *Diário* e das suas *Cartas*,[4] página a página, ficamos perplexos diante do coração desta mulher que avança – não sem quedas e recaídas – para um regresso ao centro de si mesma. Todo o caminho e o processo interior de Etty Hillesum poderiam ser identificados com um êxodo até o coração, onde a autenticidade da humanidade forma uma só imagem e semelhança com aquilo que, "na plenitude dos tempos" (Hb 9,26), nos foi revelado em Cristo Jesus. O convite dirigido a Abraão, "*lech lechá*" (Gn 12,1), deveria ser traduzido por "caminha em direção a ti mesmo", e, assim, a experiência dele, como nosso pai na fé, o torna precursor não só do povo de Israel, mas da longa e interminável fileira de todos os peregrinos na fé.[5]

---

[4] E. HILLESUM, *Lettere 1941-1943*, edição integral. Milão, Adelphi, 2013 [ed. port.: *Cartas*, 1941-1943, Lisboa, Assírio & Alvim, 2009].

[5] Cf. id., *Diario 1941-1943*, p. 586.

Mediante o testemunho que nos foi deixado por Etty Hillesum, o qual, passados mais de setenta anos, parece continuar a ser uma lição ainda a aprender, podemos contemplar nosso futuro com um olhar crítico e simultaneamente cheio de esperança. Aquilo que nos garante fidelidade ao Evangelho não passa de uma verdadeira conformação não só com as palavras e os gestos de Cristo, mas, profundamente, com o seu estilo,[6] que põe em crise, desde os tempos do seguimento dos Apóstolos pelos caminhos da Palestina, as nossas expectativas e os nossos sistemas de interpretação. A vida de Etty Hillesum foi bastante breve, tendo caído como semente no sulco da história a 30 de novembro de 1943, no campo de concentração de Auschwitz.[7] Durante longos anos, essa semente ficou bem guardada numa silenciosa memória, mantendo-se praticamente desconhecida, até que – em 1981 – o seu densíssimo *Diário* e algumas *Cartas* foram recompilados, publicados e parcialmente traduzidos para várias línguas. Assim, muitíssimos leitores encontraram, na complexa e por vezes discutível personalidade e nos percursos de Etty, um espelho onde voltar a ler e a compreender a própria existência, e a dar-lhe novo impulso. Tudo isso a partir do que se poderia definir como a percepção de base

---

[6] Ch. THEOBALD, *Il cristianesimo come stile*: un modo di fare teologia nella postmodernità, Bolonha, EDB, 2009, 2 vols.
[7] I. GRANSTEDT, *Ritratto di Etty Hillesum*, Milão, Paoline Editoriale Libri, 2003, p. 31.

desta mulher em relação ao mistério da vida por ela apreendido como "enigma".[8] Todavia, há uma convicção que parece crescer no coração de Etty Hillesum e que é capaz de lhe conferir uma rara lucidez e força: "somos sobretudo nós próprios que nos roubamos". Acho a vida bela e sinto-me livre. Os céus estendem-se tanto dentro como acima de mim. Creio em Deus e nos homens e atrevo-me a dizê-lo sem falso pudor. A vida é difícil, mas isso não é grave".[9] Nesse modo de se colocar diante da grande missão de fazer da vida uma verdadeira obra de arte, Etty não vê outro caminho senão o "de trabalhar para nós mesmos", evitando todo tipo de "individualismo doentio". E esclarece: "Uma paz futura só será real se antes tiver sido encontrada pela pessoa dentro dela mesma".[10] Estas breves e essenciais citações introduzem-nos no próprio coração da experiência, do testemunho e da mensagem desta mulher. Aí nos encontramos, quase inadvertidamente, e de modo único e problemático, num itinerário "desde o amor pela escrita à escrita do amor".[11] Como diz Rilke – de cujos escritos Etty se alimentou de modo particular –, trata-se do laborioso abandono

---

[8] E. HILLESUM, *Diario 1941-1943*, p. 234.
[9] Ibid., p. 638.
[10] Ibid.
[11] S. GERMAIN, *Etty Hillesum*, Paris, Pygmalion Gerard Watelet, 1999, p. 121.

de um mundo de convenções para aderir ao "difícil amor".[12] Esse amor, se for autêntico, não pode deixar de se enraizar – até de forma inconsciente – naquele "amor maior" (Jo 15,13) que se manifestou em Cristo Jesus e que ocorre na melhor e dinâmica tradição espiritual da humanidade *semper et ubique*. Entre as últimas palavras anotadas por Hillesum também se contam estas em que podemos detectar a necessidade contínua de descobrir uma orientação para não perder a direção nem o sentido da vida:

> Abro a Bíblia ao acaso e encontro isto: "O Senhor é o meu alto refúgio". Estou sentada sobre a minha mochila, no meio de um vagão de mercadorias apinhado de gente [...] deixamos o campo cantando [...]. Viajaremos durante três dias.[13]

Esta viagem, empreendida já há mais de setenta anos por Etty para um destino do qual, na realidade, tinha plena consciência, parece ainda não estar concluída. Neste gesto final de lançar um bilhete do vagão que a conduz para a morte, na esperança de que ele chegue ao seu destino, podemos apreender o último – e extremo – sinal de uma confiança invencível na humanidade. Enquanto tudo se está consumando, do pior e mais terrível modo, esta mulher, cuja

---

[12] R. M. RILKE, *Lettere a un giovane poeta*, Milão, Adelphi, 1980, p. 48 [ed. port.: *Cartas a um jovem poeta*, trad. e intr. de Fernanda de Castro, Lisboa, Contexto, 1994].

[13] E. HILLESUM, *Lettere 1941-1943*, p. 155.

vida está prestes a ser violentamente despedaçada, acredita – ainda consegue acreditar – que algum transeunte poderá recolher este seu bilhetinho. E não só, mas que até poderá arranjar um modo fazê-lo chegar ao destinatário. E assim sucederá, de tal modo que podemos concordar com o fato de que, enquanto houver uma única pessoa capaz de um gesto humano, não poderemos desacreditar da humanidade.

Etty Hillesum é testemunha da possibilidade de transformar a história aceitando mudar, profunda e radicalmente, a própria vida, trabalhando a própria alma – em grego, *psyché* significa ao mesmo tempo alma e borboleta – para torná-la cada vez mais *perfumada*. Estamos perante o desafio de uma alma cada vez mais amplamente habitada pela presença de um Deus-amor, ao qual Etty se dirige com um único título e atributo: "Meu", o mais pascal dos nomes divinos (cf. Jo 20,16.28). Tudo isso acontece precisamente enquanto a tempestade do aniquilamento se vai tornando mais densa e sombria. Nesse nevoeiro não divino, mas *desumano demais*, escrevia assim: "Aqui a nossa vida é cada vez mais ameaçada dia a dia. [...] Com muitas pessoas numa cela estreita. Assim, não será porventura a nossa missão manter bem perfumada a nossa alma, no meio destas exalações viciadas?".[14]

A dupla experiência de humanidade – a relação com Spier – e de violência – as medidas nazistas – compõe a trama e a teia sobre as quais se foi tecendo a tela desta vida.

---
[14] Id., *Diario 1941-1943*, p. 657.

Sem a relação com Spier – feita de afetividade e de humanidade –, Etty teria sido sem dúvida esmagada pelo horror e pelo desgaste da perseguição. Sem a ameaça nazista, não teria sido solicitada com tanta força a seguir em frente pelo caminho da interioridade, até optar por ficar conscientemente sozinha e estéril. Uma opção que tem por fim ser fecunda na transmissão de um amor maior, sempre disposto a morrer como paradigma da disponibilidade inacabada de doar-se a cada momento.[15]

Todo o caminho humano e espiritual desta mulher ainda tão jovem coincide com a viagem da sua alma bastante mais madura e predisposta a dar grandes passos, como ela própria explica nas últimas páginas do seu *Diário*: "A idade da alma é diferente da registrada no cartório. Creio que a alma tem uma idade determinada desde o nascimento, e que essa idade nunca mais muda... Creio que a alma é a parte mais inconsciente do homem, sobretudo no Ocidente. [...] O ocidental não sabe bem o que fazer dela, envergonhando-se por isso".[16]

Poder-se-ia dizer que Etty empreendeu, precisamente, uma espécie de viagem interior até à alma, onde cada possível relação com Deus, consigo mesma e com o mundo tem as suas raízes. Esse caminho tornou-a capaz de se converter

---

[15] P. DREYER, *Etty Hillesum*: une voix bouleversante, Paris, Desclée de Brouwer, 1997, pp. 83; 96-97.
[16] E. HILLESUM, *Diario 1941-1943*, p. 795.

em alma viva e amante de uma história, pelo contrário, tão marcada pela barbárie e pela desumanidade, dando provas de poder transformar em testemunho fidedigno aquilo que era "apenas um passarinho esvoaçante e inseguro".[17] No entanto, para chegar a essa meta, teve de acolher a lógica de uma transformação profunda, aceitando na vida e na morte a lei do aparente fracasso que envolve cada crisálida enquanto espera dar à luz a própria beleza, única e fugaz. Libertar--se de si – sermos salvos de nós mesmos – não quer dizer renegar a própria personalidade; significa antes renunciar à preocupação pessoal, que se manifesta de forma eminente na autopiedade. O importante é alcançar um lugar próprio no mundo sem pretender ser o centro dele, e até conseguir, como Etty, viver um segundo nascimento precisamente no limiar da morte, dando um espaço cada vez mais pleno à própria alma, velha como o mundo,[18] e aprendendo a tornar-se uma mulher de oração.

Em relação a Etty Hillesum, todos sabemos como vai acabar a sua história, e penso que não há da parte de nenhum de nós a necessidade ou o desejo de saber mais do que isso, mas há certas histórias que gostamos de voltar a ouvir continuamente. Isso porque nos fazem bem, e a experiência de Etty Hillesum – não só, mas também a sua – é uma daquelas realidades que herdamos da história da

---

[17] Ibid., p. 66.
[18] S. GERMAIN, *Etty Hillesum*, p. 63.

nossa humanidade, uma realidade que não é fácil, mas certa e profundamente bela e boa. Nestas páginas talvez não haja novidades sobre Etty – sobre o seu percurso ou sobre o seu destino –, mas elas constituem uma forma de criar um ambiente de "reescuta". Precisamente como se estivéssemos reunidos à volta da lareira para voltar a ouvir as mesmas histórias de sempre. Todavia, cada vez que voltamos a escutá-las, descobrimos alguma coisa que se repete e, ao mesmo tempo, nos reconforta. A verdadeira intenção de mais este trabalho de reflexão – talvez até desnecessário – sobre a experiência de Etty Hillesum é de certa forma visitar mais uma vez suas palavras, sua experiência. Desse modo, queremos acolher a respiração da humanidade que pede ainda hoje para ser um pouco mais profundamente amparada, reconhecida e amada.

O Reino do Céu é semelhante
a um tesouro escondido no campo.
(Mt 13,44)

Na raiz está Deus

Deus íntimo

Etty Hillesum é uma jovem mulher que soube transfigurar a própria vida, deixando-a amadurecer até a sua plenitude, aprendendo a rezar e a meditar. A sua oração não é uma forma de devoção exterior nem a repetição de fórmulas, mas um verdadeiro itinerário interior, e até íntimo. Uma busca de Deus que se insere de forma quase inconsciente naquela modalidade que a Igreja assumiu precisamente naquelas terras do Norte da Europa e que ganhou o nome de *devotio moderna*.

Na *devotio moderna* deu-se a passagem da espiritualidade medieval, sobretudo comunitária, a uma espiritualidade mais próxima da nossa sensibilidade contemporânea; portanto, mais atenta à dimensão pessoal. A experiência espiritual de Etty Hillesum não pode ser identificada nem catalogada, tampouco reduzida a uma forma religiosa precisa e preestabelecida. Representa por isso grande esperança para cada um de nós e para a humanidade. A partir da sua experiência podemos esperar encontrar Deus dentro de nós e reencontrar-nos verdadeira e completamente em Deus, segundo aquela lógica de intimidade humano-divina da qual Agostinho de Hipona foi um grande doutor,[1] e de quem Etty Hillesum foi uma assídua e entusiasta leitora.

Poder-se-ia descrever todo o percurso de Etty precisamente como um processo que vai desde a experiência sofrida da intimidade humana até chegar ao conhecimento de um Deus íntimo que forma um todo com as nossas mais belas experiências humanas de intimidade. Assim como naquele momento mágico vivido por Etty e o seu amigo e companheiro:

> Jopie na charneca, sentado sob o vasto céu estrelado, enquanto falávamos da nostalgia: eu não tenho nostalgia, sinto-me em casa. Aprendi muito com aquele discurso. Estamos em casa. Estamos em casa sob o céu. Estamos em casa em qualquer lugar desta terra, se trouxermos tudo dentro de nós mesmos. [...]
> Muitas vezes me tenho sentido, e ainda me sinto, como um navio que transporta a bordo uma carga preciosa: os cabos são cortados e agora o navio parte, livre para navegar por toda parte. Temos de ser a nossa própria pátria. Gastei dois serões para lhe poder confiar esta coisa tão íntima, a coisa mais íntima que há. E queria tanto lha dizer, quase como se lhe estivesse dando um

---

[1] E. HILLESUM, *Diario 1941-1943*, p. 793.

presente. [...] E só na noite seguinte consegui dizer-lho: ajoelhei-me diante daquela charneca imensa.[2]

Como jovem mulher judia holandesa do seu tempo, Etty Hillesum vive e abraça até o fim o contexto terrível de uma das páginas mais sombrias da história da humanidade – talvez a mais assustadora, por ter sido concebida e dada à luz pela civilização europeia enraizada na tradição do cristianismo. Etty revela-nos, através do seu *Diário* e das suas *Cartas*, o grande mistério de uma alma que não perde contato com a interioridade; antes, nela, este vai aumentando dia após dia. Aí consegue encontrar a força para viver, precisamente quando chega "a pensar que é mais fácil não viver do que viver". Recorda esse sentimento a si própria: "Ultimamente me ocorre muitas vezes".[3] O contato com a própria intimidade amadurece ao buscar no seu íntimo o sentido da vida e a força para ser testemunha da sua beleza radical, não obstante tudo e apesar de tudo. Naquelas trevas crescentes e de uma violência inaudita como foi o nazismo, o coração de Etty soube aprender a rezar. Mediante a oração aprendeu a meditar sobre as trevas humanas através da luz de Deus, sem as negar, mas também sem as tornar mais densas. Escrevia assim em seu *Diário*, no dia 18 de maio de 1942:

---

[2] Ibid., p. 763.
[3] Ibid., p. 163.

As ameaças e o terror aumentam dia a dia. Apoio-me na oração como um muro sombrio que me protege, refugio-me na oração como muro obscuro que me oferece abrigo, retiro-me para a oração como para a cela de um convento, saindo dela mais recolhida, concentrada e forte. Este retirar-me para a cela fechada da oração torna-se para mim uma realidade cada vez maior, e também um fato cada vez mais objetivo. A concentração interior constrói muros elevados, entre os quais reencontro a mim mesma e à minha unidade, longe de todas as distrações. E poderia imaginar-me num tempo em que passaria dias e dias ajoelhada – quando já não sentiria que tenho à minha volta estes muros que me impedirão de me destruir, de me perder e de me arruinar.[4]

Não obstante é a própria Etty quem, no seu *Diário*, nos fala de si mesma como da protagonista de um conto ainda por escrever e por viver, intitulado: "A jovem que não sabia ajoelhar-se".[5] Com efeito, a sua vida é abalada – tomando uma direção e uma orientação completamente novas – precisamente a partir do simples gesto que um dia conseguirá realizar no lugar menos indicado – pelo menos segundo a nossa sensibilidade –, mas certamente num dos mais íntimos. Trata-se de um "banheiro desarrumado"[6] de sua casa,

---

[4] Ibid., p. 536.
[5] Ibid., p. 227.
[6] Ibid., p. 231. É como se este lugar se transformasse numa espécie de capela pessoal, visto que em várias ocasiões é citada: "Esta manhã rezei praticamente assim. Ajoelhei-me espontaneamente naquela dura esteira de fibra de coco

onde tem lugar esse gesto tão forte que chega a assumir certa solenidade íntima:

> Mas são coisas íntimas, porventura mais íntimas do que as do sexo. Gostaria de poder representar em todos os seus matizes este processo interior, a história da jovem que aprendeu a ajoelhar-se.[7]

Etty Hillesum, mulher viva e muitíssimo sensível, dá início a um breve mas intenso caminho espiritual, ao longo do qual, lenta e fortemente, experimenta a presença do elemento transcendente, "a parte mais profunda de mim", a que, "por comodidade", escreve ela, "eu chamo Deus".[8] Este Deus, que inicialmente parece uma "comodidade", será capaz de transformar de forma radical a vida de Etty até transformá-la num "pão"[9] oferecido e partilhado. No fim do seu conturbado percurso, esse Deus, de íntimo torna-se publicamente professado: "Sim, imagina, eu creio em Deus!",[10] e de modo completamente ligado ao mistério da existência com que a fé se mistura de forma radical: "A vida é bela. E eu creio em Deus".[11]

---

do banheiro, e as lágrimas corriam-me pelo rosto abaixo. Creio que essa oração me deu forças para todo o dia" (p. 725; cf. também pp. 168 e 686).
[7] Ibid., p. 231.
[8] Ibid., p. 722.
[9] Ibid., p. 797.
[10] Ibid., p. 774.
[11] Ibid., p. 774.

Esta presença, mais do que procurada e propriamente amada, impõe-se à sua vida quase como uma evidência imprevista e, pela sua própria natureza, imprevisível. A experiência da transcendência impõe-se precisamente através do indício de uma atitude de oração que transformará toda sua existência – assim marcada pela busca, inclusive espasmódica, do amor humano –, tornando-se uma das mais tocantes "cartas de amor dirigidas" a Deus, as únicas que "se deveriam escrever".[12] Assim, anota ela no seu *Diário*, certo domingo de manhã:

> Ontem à noite, antes de ir para a cama, dei comigo ajoelhada, de repente, no meio desta grande sala, entre as cadeiras de aço sobre a esteira clara. Um gesto espontâneo: lançada por terra por algo mais forte do que eu. Há tempos tinha dito para mim: exercito-me no ajoelhar. Ainda hesitava demais ante este gesto, tão íntimo como os gestos de amor, dos quais não se pode falar se não se é poeta. Por vezes tenho a sensação de ter Deus dentro de mim...[13]

Deus nascente

Poder-se-ia dizer que, mantendo as devidas distâncias em relação a uma objetivação religiosa exterior, o Deus que Etty experimenta é um Deus que brota de dentro e que não

---
[12] Ibid., p. 793.
[13] Ibid., p. 279.

pode ser emitido a partir de fora. A presença divina no coração humano, na sensibilidade e na experiência de Etty Hillesum, não é semelhante à água que "desce do céu" (Is 55,10), mas àquela que deve ser procurada nas profundezas da terra, nas raízes frescas da nossa humanidade, que diversas vezes se apresenta como um árido deserto. Assim como depois da longa perfuração de um poço no deserto a água brota, por fim, como um verdadeiro milagre, também a percepção de uma companhia divina se encontra nas profundezas necessariamente sombrias da nossa humanidade. Aplica-se bem à experiência de Etty Hillesum tudo o que Orígenes diz dos patriarcas como arquétipos e modelos de fé:

> Encontramos sempre o habitual afã dos patriarcas em busca dos poços. [...] Há, portanto, os poços, escavados pelos servos de Abraão, que os filisteus tinham enchido de terra. Isaac é o primeiro que se dispõe a limpá-los. Os filisteus odeiam as águas, mas amam a terra; Isaac ama as águas, anda sempre em busca dos poços, limpando os velhos e abrindo outros novos. [...] Quem são estes, que enchem os poços de terra? Certamente são aqueles que atribuem à lei um sentido terreno e carnal, e que fecham o sentido espiritual e místico, a fim de não beberem nem permitirem que os outros bebam. [...] Se, portanto, também vós, que hoje escutais estas coisas, as acolheis com fé, também em vós atua Isaac, purificando os vossos corações de sentimentos terrenos, e, vendo que nas divinas escrituras estão escondidos estes tão grandes mistérios, progredis na inteligência, progredis nos sentimentos espirituais. Também vós come-

çareis a ser mestres, e de vós procederão *rios de água viva* (Jo 7,38). Na verdade, está presente o Verbo de Deus, e esta é agora a sua função: remover a terra da alma de cada um de vós, e abrir a tua fonte. Com efeito, Ele está em ti, e não vem de fora, assim como *está em ti o Reino de Deus* (Lc 17,21).[14]

Para Orígenes, grande mestre da doutrina cristã, exemplo notável de vida oferecida, modelo de oração[15] e de atenção contínua a Deus, é claro que não está no poder da criatura encontrar o Criador. Apesar disso, o exegeta alexandrino, habituado a confrontar-se com o melhor da cultura da sua época, adverte que o simples – mas não menos exigente – papel que nos compete como criaturas é o de escavar dentro de nós mesmos, quase às cegas. Só assim se poderá criar um vazio suficientemente vasto para conter e, de certo modo, suportar a irrupção da presença de Deus, a qual – se assim não for – só poderá ficar oculta e invisível como uma "radiante nascente"[16] que seria tristemente sufocada.

Para Etty Hillesum, o empenho e o caminho espiritual consistem, precisamente, numa verdadeira peregrinação até as nascentes interiores, onde, tal como o próprio Senhor

---

[14] ORÍGENES, *Omelie sulla Genesi* 13,1; 2; 4, trad. de M. I. Danieli, Roma, Città Nuova, 1978, pp. 197; 199-200; 206.

[15] Deve-se, precisamente, a este grande e bastante polêmico Padre um dos primeiros tratados sobre a oração, a que continuamente Etty irá buscar inspiração e ensinamento: *La preghiera* (edição de G. Del Ton), Milão, Mondadori, 1984.

[16] E. HILLESUM, *Diario 1941-1943*, p. 736.

disse a Hildegarda de Bingen, referindo-se ao jardim interior do seu coração, se encontra tudo aquilo que é necessário para viver de modo pleno, permitindo alcançar a perfeita semelhança com o Criador, do qual somos imagem. Educada numa família de tradição judaica e em estreito contato com cristãos de várias confissões, para Etty Hillesum é manifesta a importância das Escrituras; contudo, parece profundamente tocada por uma nota de Spier, que transcreve com cuidado: "A expressão 'Palavra de Deus' não diz respeito apenas à Bíblia; por ela se entende, em sentido lato, o saber original, a inspiração e o trabalho do Espírito Santo, que se manifesta no homem".[17] Progressivamente, nesta jovem mulher, chamada a confrontar-se, juntamente com tantos outros, com uma situação cada vez mais marcada pela precariedade e pela ameaça de extermínio, vai-se consolidando uma convicção tão profunda quanto eficaz para preservar o melhor da sua personalidade:

> A única certeza sobre como te deves comportar só pode brotar das nascentes que jorram do profundo de ti mesma. [...] Meu Deus, te dou graças por me teres criado tal como sou. Dou-te graças porque às vezes me permites estar tão repleta de vastidão, da vastidão que não é senão o meu ser transbordante de ti. Prometo-te que toda a minha vida se destinará à bela harmonia, e também à humildade e ao verdadeiro amor dos quais sinto a capacidade em mim mesma, nos melhores momentos.[18]

---

[17] Ibid., p. 69.
[18] Ibid., pp. 270-271.

A situação de Etty não é, certamente, das mais fáceis, mas a dificuldade torna-se, precisamente, ocasião de transformar a intuição espiritual numa escolha existencial em todos os níveis. Assim, enquanto se encontra num grande caos, não hesita em escrever: "Naquele manicômio, escuto a minha voz interior e sigo o meu caminho sem hesitar."[19] Na realidade, é precisamente esta atitude voltada para a interioridade que nos confere a verdade do nosso ser como parte de uma humanidade desejada e criada à imagem e semelhança de Deus. Precisamente quando a (des-)figuração do furor nazista levaria a uma reação de ódio em cadeia, Etty Hillesum, como tantos outros que não deixaram vestígios tão visíveis, intui um possível caminho de transfiguração. Cada processo de transfiguração exige a capacidade de suportar a passagem necessária da *desfiguração* daquilo que se ama e daquilo em que se crê apesar de tudo:

> Ontem à noite, depois daquela longa caminhada na chuva,* e com aquela bolha na sola do pé, ainda fui procurar um vendedor ambulante de flores e, assim, cheguei à casa com um grande ramo de rosas. Ei-las ali, reais, como toda a miséria vivida ao longo de um dia. Na minha vida há lugar para muitas coisas. E por isso tenho tanto lugar, meu Deus. Hoje, enquanto passava por aqueles corredores tão apinhados de gente, senti de repente

---

[19] Ibid., p. 732.

* Os judeus tinham sido proibidos de utilizar não só os transportes públicos, mas também bicicletas. [*N. do A.*]

um grande desejo de me ajoelhar no chão de pedra, no meio de toda aquela multidão. O único ato digno de um ser humano, que nos resta nestes tempos, é o de nos ajoelharmos diante de Deus. Em cada dia aprendo alguma coisa sobre os seres humanos e dou-me cada vez mais conta de que não se pode encontrar ajuda nos outros, de que devemos contar cada vez mais com as nossas forças interiores.[20]

Provavelmente, Etty não lera a página de Orígenes sobre os patriarcas e os seus esforços escavando poços; no entanto – mediante a "ótima sociedade"[21] que frequenta assiduamente escritores e pensadores como Agostinho e Tomás de Kempis, ou Jung e Rilke –, respirou profundamente o seu ensinamento na sua forma de intuição existencial marcante e eficaz. Uma passagem do seu *Diário* – precisamente, de 26 de agosto de 1941, que já evocamos na citação feita por Bento XVI – retoma de forma muito aproximada e bastante intensa o sentimento de Orígenes e de todas as tradições místicas, não só cristãs:

Dentro de mim há uma nascente muito profunda. E nessa nascente está Deus. Às vezes consigo alcançá-la, a maior parte das vezes está coberta de pedras e de areia; a essa altura, Deus está sepultado. Então, há que voltar a desenterrá-lo. Imagino que certas pessoas rezem com os olhos fixos no céu: elas procuram

---

[20] E. HILLESUM, *Diario 1941-1943*, p. 729.
[21] Ibid., p. 564.

Deus fora de si. Há outras que inclinam a cabeça, escondendo-a entre as mãos: creio que estas procuram Deus dentro de si.[22]

Esse movimento para a interioridade exprime-se não com uma atitude mental, mas, cada vez mais e melhor, com uma atitude do corpo. Por fim, o corpo revela, magnífica e completamente, o desejo e o anseio de todo ser humano, manifestando até que ponto e de que modo é habitado e, em certo sentido, submetido à secreta presença de Deus. Massimo Recalcati diz isso de maneira bastante tocante com uma nota autobiográfica na abertura de um livro seu, em que fala como se tornou iniciador da vida de oração para os seus filhos. A motivação da maravilhosa necessidade de rezar como experiência necessária ao processo de humanização forma um todo com a explicitação da forma essencial da oração: "Para rezar – como transmiti aos meus filhos – devemos nos ajoelhar e agradecer".[23]

Etty Hillesum entra nos espaços da vida mística com a mesma atitude – mais do que mediante a profissão de fé, tal como é normalmente entendida –, por meio da reconquista do seu corpo como lugar de "combate"[24] espiritual que, pouco a pouco, se torna espaço de paz para si própria e para os outros: "De repente, compreendi como uma pessoa, com o

---

[22] Ibid., p. 153.
[23] M. RECALCATI, *Cosa resta del padre? La paternità nell'epoca moderna*, Milão, Cortina Raffaello, 2011, p. 12.
[24] E. HILLESUM, *Diario 1941-1943*, p. 72.

rosto escondido atrás das mãos juntas, pode deixar-se cair violentamente de joelhos, e depois ter paz".[25] Há uma recordação que Etty Hillesum anota com detalhes minuciosos e que também tem seu lado engraçado. Nela se revela o embaraço quase adolescente desta jovem mulher que aprende a reconhecer no seu corpo um espaço de espiritualidade:

> Na madrugada cinzenta de hoje, num movimento de desassossego, dei comigo de repente no chão, toda encolhida e com a cabeça apoiada no chão, ajoelhada entre a cama desfeita de Han e a sua máquina de escrever. Talvez fosse um gesto para conseguir a paz. E a Han, que entrou naquele momento e que me pareceu um pouco espantado com aquela cena, expliquei que estava à procura de um botão... o que não era verdade.[26]

Deus indefeso

Antes de nos aproximarmos daquilo que poderíamos definir como o método de meditação que Etty construirá através das dificuldades e das experiências – sem excluir os fracassos – da sua peregrinação cotidiana até às nascentes da interioridade, penso que será útil traçar a imagem daquele Deus que, cada vez mais, vai conquistando o coração desta jovem mulher, até se tornar o princípio ordenador de toda a sua existência.

---

[25] Ibid., p. 61.
[26] Ibid., p. 301.

O caminho de Etty Hillesum é feito de pequenos passos, de percepções cada vez mais profundas, mas sem nunca fazê-la extraviar-se da vida concreta, permitindo-lhe manter-se continuamente de olho na "terra firme".[27] A sua experiência é feita de uma intimidade que nunca cai num intimismo doentio, temperado por um heroísmo banal: "Partirei sempre do princípio de ajudar Deus o máximo possível, e se isso tiver êxito, muito bem, quer dizer que também saberei estar presente para os outros. Sobre este ponto, porém, não devemos ter ilusões heroicas".[28] Este Deus que precisa de ajuda e de apoio torna-se para Etty Hillesum a base que permite ao homem não perder o contato com a sua dignidade. Além disso, representa o trampolim para uma verdadeira caridade.

Hillesum – tal como o herói trágico de todas as culturas e religiões – não espera nada da parte de Deus, mas quer estar presente para ele: "E se Deus deixar de me ajudar, então serei eu a ajudar Deus".[29] Esta percepção da presença divina na vida concreta tem alto preço, porque se misturam completamente os aspectos concretos e inquietantes daquilo que se agita no seu coração com aquilo que está abalando a história pelas suas raízes:

---

[27] Ibid., p. 37.
[28] Ibid., p. 708.
[29] Ibid., p. 707.

O meu coração, hoje, já morreu várias vezes, voltando a despertar de novo. Tenho estado despedindo-me minuto após minuto, libertando-me do mundo exterior. Corto as amarras que ainda me mantêm atada, carrego a bordo tudo aquilo que me pode servir durante a viagem. Agora estou sentada na margem de um tranquilo canal, as minhas pernas pendem de um pequeno muro de pedra e interrogo-me se o meu coração, algum dia, estará tão cansado e consumido que já não poderá voar por onde quiser como um pássaro livre.[30]

Para Etty, inclusive devido à sua estrutura e à sua biografia, teria sido impossível uma percepção de Deus que não fosse marcada pela ternura. A sua própria iniciação à vida espiritual tem lugar num contexto que se poderia definir como uma amizade amorosa com Julius Spier e que se revela, por fim, uma verdadeira escola de libertação, mediante a dura prova da necessidade de possuírem e de serem possuídos. O ensinamento, porém, é claro, embora banal: "Uma pessoa deve viver a própria vida".[31] Este homem, sobretudo através da sua morte, abre para Etty os caminhos de uma relação cada vez mais íntima e total com Deus, capaz de orientá-la na sua vida pessoal de relação, até ao dom de si mesma cada vez mais pleno e total no campo de Westerbork. Como sempre, no amor, a experiência do amado e de cada pessoa ante o amor é marcada por uma consciência crescen-

---

[30] Ibid., p. 728.
[31] Ibid., p. 159.

te da própria fragilidade e da própria necessidade que deve ser superada pela fidelidade ao "dever"[32] de se humanizar e, portanto, de se identificar. Mais do que a dramática situação histórica, é precisamente o contexto amoroso que faz crescer em Etty Hillesum a consideração e o conhecimento de um relativamente Deus indefeso, pobre, necessitado, no qual nos devemos espelhar e pelo qual nos devemos deixar transformar:

> Meu Deus, estes são tempos tão angustiantes! Esta noite, pela primeira vez, fiquei acordada, no meio do escuro, com os olhos ardendo, enquanto diante de mim passavam imagens após imagens de dor humana. Prometo-te uma coisa, meu Deus, só uma pequena coisa: tentarei não tornar o hoje mais pesado com o peso das minhas preocupações pelo amanhã. [...] Tentarei ajudar-te para que tu não sejas destruído dentro de mim, mas não posso prometer nada *a priori*. Uma coisa, porém, se torna cada vez mais evidente para mim, ou seja, que tu não nos podes ajudar, mas que somos nós que te ajudamos e, desse modo, ajudamos a nós mesmos. A única coisa que podemos salvar destes tempos, e também a única coisa que conta de verdade, é um pequeno pedaço de ti em nós mesmos, meu Deus. E talvez também possamos contribuir para te desenterrar dos corações devastados dos outros homens. Sim, meu Deus, parece que tu não podes fazer muito para modificar as circunstâncias atuais, mas também elas fazem parte desta vida. Eu não ponho em questão a tua responsabilidade, mais tarde serás tu a declarar-nos res-

---

[32] Ibid., p. 430.

ponsáveis por nós. E quase a cada batimento do meu coração aumenta a minha certeza: tu não nos podes ajudar, mas cabe a nós ajudar-te, defender até o fim a tua casa em nós. [...] [Alguns] querem a todo custo salvar o próprio corpo. Dizem: não me apanharão. Esquecem-se de que não se pode cair nas mãos de ninguém estando nos teus braços. Começo a sentir-me um pouco mais tranquila, meu Deus, depois desta conversa contigo. Daqui por diante, discorrerei contigo muitas vezes e, desse modo, impedir-te-ei de me abandonares. Comigo passarás também por períodos de escassez, meu Deus, tempos escassamente alimentados pela minha pobre confiança; acredita, porém, que eu continuarei a trabalhar para ti e a ser-te fiel, e não te expulsarei do meu território.[33]

Segundo a tradição judaico-cristã, o Deus que cria é sempre o mesmo Deus que salva. Isso acontece por aquela misteriosa (*con-*)*sanguinidade* entre Deus e a humanidade. O homem é digno deste nome na medida em que sabe encontrar Deus dentro de si, até ter quase a impressão de *o dar à luz*, como ensinam os Padres e os místicos. Embora Etty abrace, voluntária e dramaticamente, a esterilidade, em certos momentos sente-se "espiritualmente grávida"[34] de algo além daquela criança da qual se livrou. Hillesum sabe salvar dentro de si essa gestação interior, a fim de salvá-la no mundo através da própria vida. Numa das suas últimas cartas

---

[33] Ibid., pp. 713-714.
[34] Ibid., p. 488.

e poucos dias antes da sua deportação, escrevendo a uma amiga muito querida, só lhe resta dizer:

Fomos marcados para sempre pela dor. Contudo, a vida é maravilhosamente boa, na sua inexplicável profundidade, Maria – tenho de voltar sempre a este ponto. E basta que façamos com que, apesar de tudo, Deus esteja em segurança nas nossas mãos, Maria.[35]

Um Deus "em segurança nas nossas mãos" é um Deus que se tenta, necessariamente, guardar, bem seguro, no coração e na vida dos irmãos e das irmãs em humanidade, como a realidade mais preciosa e o dom maior que se pode conceder, bem como a honra maior que se pode oferecer aos outros. O Deus indefeso é um Deus que se pode dar, que se pode e se deve comunicar como bem absoluto, fazendo circular o máximo possível como a esperança essencial para a vida de todos. Por isso, Deus é o primeiro pensamento e o maior desejo, não só enquanto se vagueia pelos meandros do próprio coração e da própria interioridade, mas também, inevitavelmente, quando se viaja através do labirinto da humanidade e das suas histórias:

Às vezes as pessoas são para mim como casas de porta aberta. Eu entro e perambulo por corredores e divisões. Cada casa está mobiliada de forma um pouco diferente, mas, no fundo, é igual

---

[35] Id., *Lettere 1941-1943*, p. 153.

às outras; de cada uma delas se deveria fazer uma morada consagrada a ti, meu Deus. Prometo-te, prometo-te que tentarei sempre encontrar uma casa e um refúgio para ti. No fundo, é uma imagem estranha: eu pôr-me a caminho em busca de um teto para ti. Há tantas casas vazias às quais eu te ofereço como o comensal mais importante. Perdoa-me esta metáfora, não muito sutil.[36]

Em Etty Hillesum cresce cada vez mais a consciência clara de que "o céu vive dentro de mim"[37] e de que o tempo não poderá deixar de penetrar diretamente na eternidade – também foi esta a grande consolação de Teresa de Lisieux na última e mais sombria parte de sua vida. Precisamente por isso, é como se a vida se tornasse cada vez mais sensível àquele "murmúrio de uma brisa suave" (1Rs 19,12) que transfigurou e melhorou a própria imagem que o ardente e zeloso profeta Elias tinha de Deus. Na realidade, é precisamente esse Deus indefeso, pobre e peregrino que se torna, assim, o hóspede íntimo e mais amado. Ao mesmo tempo, também, é o mais discreto e, precisamente por isso, o mais acarinhado, a ponto de arrancar de Etty uma espécie de protesto: "Se o Céu existe, por que não se poderia viver?".[38] É uma sensação que Etty Hillesum partilha com o seu mundo de relações, chegando a citar uma carta escrita pelo seu

---

[36] Id., *Diario 1941-1943*, p. 757.
[37] Ibid., p. 751.
[38] Ibid.

irmãozinho pianista num manicômio, no enésimo ano de guerra:

> Henny, também eu acredito, sei que existe outra vida. Creio até que certas pessoas são capazes de vê-la e de vivê-la antecipadamente. É um mundo em que os eternos sussurros místicos se tornaram realidade viva, e em que os objetos e as palavras comuns adquiriram um significado mais elevado.[39]

Deus melodioso

Etty Hillesum, talvez inconscientemente, retoma uma imagem muito cara a Irineu de Lyon, segundo o qual a própria vida de Deus é uma "melodia"[40] capaz de criar a harmonia do universo. Respirando a plenos pulmões o melhor da consciência humana sobre o mistério de Deus, serenamente aninhada entre as dobras da história, anota numa das primeiras páginas do seu Diário: "*O mundo gira melodiosamente pela mão de Deus*: tive em mente estas palavras de Verwey durante todo o dia. Também gostaria de girar melodiosamente, impelida pela mão de Deus".[41] Para entrar, precisamente, nessa melodia divina, é necessário que Deus se torne um princípio de ordem – uma espécie de cosmologia divina

---

[39] Ibid., p. 776.
[40] IRINEU DE LYON, *Contra as heresias*, 6. ed. São Paulo, Paulus, 2016, 4 v.
[41] E. HILLESUM, *Diario 1941-1943*, p. 35.

– para cujo início na vida de cada um, a proveito de todos, é necessária a ajuda de um guia experiente:

E eis-me ali, com a minha "obstipação espiritual". E ele colocaria ordem no meu caos interior, teria vencido as forças contraditórias que atuam em mim. [...] De repente comecei a viver de modo mais livre e "fluido", aquela sensação de "obstipação" desapareceu, e na minha alma há um pouco mais de ordem e um pouco mais de paz: no momento ainda sinto a influência da sua personalidade mágica produzindo este efeito, mas, no futuro, formar-se-á uma base na minha psique, será um processo consciente.[42]

Com a ajuda de Spier e do "sofrimento"[43] por ele vivido, a jovem Etty entra numa espécie de itinerário de exercícios espirituais que, a partir dali, coincidem com toda a sua vida sob vários aspectos. Com efeito, o próprio Inácio de Loyola estabelece como finalidade dos seus *Exercícios* precisamente "ordenar a própria vida".[44] Hillesum confessa com simplicidade as suas dificuldades em passar da intuição à construção daquela ordem interior capaz de permitir uma vida luminosa e interiormente fecunda:

Às vezes, custa-me tanto montar a estrutura do meu dia – levantar-me, lavar-me, fazer ginástica, calçar meias sem buracos,

---

[42] Ibid., pp. 33-34.
[43] Ibid., p. 545.
[44] INÁCIO DE LOYOLA, *Exercícios espirituais*, São Paulo, Loyola, 2000.

pôr a mesa, em suma, orientar-me na vida cotidiana – que quase não me resta energia para outras coisas. E se então me levanto na hora, como qualquer cidadão, sinto-me orgulhosa de ter feito uma espécie de milagre. Contudo, enquanto a disciplina interior não está bem estabelecida, a exterior continua a ser importantíssima para mim. Se eu durmo mais uma hora de manhã, isso não significa que tenha dormido bem, mas que não sei enfrentar a vida e que estou fazendo greve.[45]

Para entrar na melodiosa harmonia divina que, em nós, procura não só encontrar espaço mas criar um espaço, necessita-se tomar consciência e assumir aquela inquietação que habita nosso íntimo. Todo esse trabalho interior pode dilacerar-nos ou estabelecer as premissas de uma paz maior.

Com a sua coragem de chamar as coisas pelo nome, Etty Hillesum não esconde de si própria a raiz da sua perturbação, a ponto de anotar com precisão: "Tudo começou ontem à noite, quando a inquietação começou a assaltar-me por todos os lados, subindo como os vapores de um pântano".[46] A grande prova é nos darmos conta da dispersão interior de que precisamos cuidar, no sentido mais próprio do termo:

> Em Deventer, os meus dias eram como grandes planícies iluminadas pelo sol, cada dia era um todo ininterrupto, sentia-me em contato com Deus e com todos os homens... provavelmente porque não via quase ninguém. Havia campos de trigo que

---
[45] E. HILLESUM, *Diario 1941-1943*, p. 207.
[46] Ibid., p. 84.

nunca esquecerei e onde quase seria capaz de me ajoelhar; havia o [rio] Issel, com os guarda-sóis coloridos, o teto coberto de canas, os cavalos pacientes. E depois o sol, que eu absorvia por todos os poros. Aqui, ao contrário, os dias são feitos de mil pedacinhos, a grande planície desapareceu e Deus também, e se tudo continuar a este ritmo, eu voltarei a pôr tudo em questão: isto não é filosofia profunda, mas um sinal de que não estou bem. Além disso, sinto aquela estranha inquietação que ainda não sei acalmar. Mas talvez ela possa produzir bom fruto no meu trabalho, quando eu souber orientá-la.[47]

Essa consciência, tão clara que, por vezes, chega a ser impiedosa, em breve se transforma em oração: "Senhor, dá-me menos pensamentos e mais água fria e ginástica de manhã cedo".[48] A consciência crescente da necessidade de criar uma ordem interior conduz naturalmente à capacidade de verificação e de denúncia das próprias lentidões e traições. Isto, sobretudo, quando se tem a percepção de se estar constantemente atrasado ou, de qualquer modo, de ter perdido um tempo precioso na vida. Sem conhecer nem desejar uma vida breve e ainda menos superficial, Etty Hillesum apercebe-se de modo quase dramático: "E quando, aos vinte e sete anos, se chega a verdades tão duras, por vezes, sentimo-nos desesperados, sozinhos e amedrontados, mas também independentes e orgulhosos".[49] O sentido de orientação, que vai

---

[47] Ibid., pp. 119-120.
[48] Ibid., p. 213.
[49] Ibid., p. 212.

significando para Etty assumir até certo rigor ascético, deve reconciliar-se continuamente com aqueles momentos e estados de alma que correm o risco de fazê-la regredir para um fechamento sobre si própria, que representa o grande combate da sua vida:

Comecei o dia de uma forma estúpida: falando da "situação". Como se houvesse palavras adequadas. Este dom precioso, este dia livre que tenho, deve ser bem empregado – e não devo desatar a falar, perturbando as pessoas à minha volta. Esta manhã quero alimentar um bocadinho o meu espírito recalcitrante.[50]

No entanto, apesar disso – e, poder-se-ia dizer até, mediante os fracassos cotidianos –, Etty Hillesum não se rende pessoalmente nem àquilo que corre o risco de se apagar: "um pavio que ainda fumega" (Is 42,3) da sua decisão de viver em plenitude. Assim, oração e verificação desembocam naturalmente no empenho forte, claro e continuamente renovado de navegar no mar da própria existência "como um navio tranquilo e majestoso",[51] sem paragens inúteis: "Quero estudar intensamente durante uma hora, antes de começar este dia. Sinto uma grande necessidade disso e também disponho da concentração necessária".[52] Poder-se-ia dizer

---

[50] Ibid., p. 732.
[51] Ibid., p. 282.
[52] Ibid., p. 731. No primeiro caderno, anota assim: "Penso que o farei, seja como for: olharei para dentro de mim durante meia horinha cada manhã, antes de começar a trabalhar; escutarei a minha voz interior. *Sich versenken (ana-*

que, mediante a leitura do seu *Diário*, estamos perante uma espécie de processo interior, através do qual Etty Hillesum muda radicalmente o sistema da sua vida. Tudo isso começa com a transfiguração do seu olhar sobre a vida, cujo primeiro passo é uma mudança da qualidade do olhar sobre si própria:

A ordem hierárquica, no interior da minha vida, mudou um pouco. No passado preferia começar de estômago vazio, com Dostoievski ou com Hegel, e, nos tempos livres, quando estava nervosa, por vezes, também remendava uma meia, se não podia resolver a situação de outra maneira. Agora, começo pela meia, no sentido mais literal da palavra, e depois, devagarinho, passando pelas várias incumbências cotidianas, vou subindo até ao cume, onde me encontro com os poetas e os pensadores.[53]

Para Etty Hillesum, vai-se desenvolvendo cada vez mais aquilo que poderíamos definir como o seu desejo espiritual pessoal, mas – em conformidade com a grande Tradição –, também se vai desenvolvendo a consciência do seu próprio limite e, inclusive, das suas próprias limitações. Realiza-se e consuma-se assim a passagem de uma busca mais prometeica para uma atitude mais consciente e humilde, que a induz a sujeitar-se, cada vez mais, a um método que, sem medo algum, poderíamos definir como ascético no sentido

---

lisarmo-nos profundamente). Também se lhe pode chamar meditação; esta palavra, porém, ainda me dá arrepios" (ibid., p. 103; ver ainda p. 107).
[53] Ibid., p. 57.

da pura e luminosa ortopráxis. Precisamente à medida que se dilata e se esclarece o seu horizonte interior, profundamente integrado no mundo exterior em que é chamada a viver a própria vida, tanto mais se aperfeiçoam os meios que lhe permitirão perseverar e fortalecer-se nesse caminho. Os meios ascéticos são, portanto, o fruto de uma clara intuição do horizonte místico a que Etty Hillesum se sente cada vez mais clara e fortemente chamada. Não só para si mesma, mas quase para manter com vida uma caravana à qual todos, se o quiserem, podem juntar-se para marchar alegremente em direção à liberdade de viver e de morrer:

> Viver plenamente, tanto para o exterior como para o interior, não sacrificar nada da realidade exterior em benefício da interior, e vice-versa: considera tudo isso como uma bela missão para ti própria. [...] Devo ocupar-me de mim mesma, não há nada a fazer. Não precisei deste caderno durante dois meses, a vida dentro de mim era tão límpida, serena e intensa, estava em contato tanto com o mundo exterior como com o mundo interior, a minha vida ia-se enriquecendo, a minha personalidade dilatava-se.[54]

---

[54] Ibid., pp. 99-100.

Palavras-pérolas

Todavia

Entre as muitas pérolas que encontramos entre as palavras de Etty Hillesum, poderemos guardar, no nosso coração, uma palavra forte e aparentemente banal. Trata-se, gramaticalmente, de uma conjunção: *todavia*. Encontramos esta palavra, como conjunção adversativa, introduzindo uma passagem do *Diário* que citamos antes: "E, todavia, somos sobretudo nós mesmos que nos roubamos".[55] Esta consciência do *todavia* é certamente um dos traços mais impressionantes do itinerário espiritual e humano de Etty, e um dos mais difíceis de conquistar. Crer que, na realidade, a nossa vida, a nossa existência, até os nossos sentimentos mais profundos, nunca estão isolados. Ou melhor, nunca estão e nós nunca estamos isolados, nem no bem nem no mal, porque estão misturados com a totalidade – ambígua e paradoxal – da vida. A própria humilhação exige uma colaboração, quase uma cumplicidade.

Etty Hillesum encontra-se numa situação em que certamente poderia reclamar uma espécie de inocência evidente; contudo, do seu ponto de vista, renuncia a reclamar essa inocência, denunciando sinceramente a si própria o risco da cumplicidade. Todos nós, em diversas situações, somos

---

[55] Ibid., p. 638.

muito propensos a reclamar nossa inocência nas realidades da vida, sobretudo nas realidades negativas. Dificilmente sabemos e queremos desmascarar as nossas cumplicidades.

Etty Hillesum diz que, para humilhar alguém, são necessárias "duas pessoas",[56] e poderia dizer, até, que para ferir alguém também são necessárias duas pessoas; inclusive – e isto pode parecer muito duro –, para fazer alguém sofrer, são necessárias duas pessoas: quem faz sofrer e quem aceita, de certo modo, que o sofrimento mantenha a sua carga de negação do amor.

Para Etty Hillesum é necessário tomar consciência deste *todavia* que pode mudar, de modo tão profundo, a percepção dos acontecimentos, a ponto de ser capaz de alterar radicalmente a própria essência das coisas que vive. Todavia, o céu nunca nos poderá faltar nem sequer sobre o único pedacinho que a vida nos concede viver. Se se perde a memória das nossas cumplicidades, será mais difícil apreender a nossa vida, a nossa experiência, a nossa busca, o nosso combate e até, de forma ainda mais profunda, o nosso sofrimento como lugar possível de revelação e de crescimento.

Na realidade, não falta sofrimento a ninguém, no entanto, o nosso sofrimento deve ser contextualizado em algo maior, uma vez que, até aquilo que é duro e que, objetivamente, traz infelicidade ou se deve evitar, se pode tornar ocasião para compreender a amplitude da nossa alma e da

[56] Ibid., p. 637.

nossa vida. Acolher dentro de nós o outro torna-se, para Etty Hillesum, dar hospitalidade ao outro que, por excelência, é o inimigo, aquele que nos mete medo, aquele que nos faz sofrer. Desse modo, porém, o inimigo torna-se o maior amigo da nossa alma, da nossa vida, porque é o único que nos permite compreender até que ponto estamos realmente disponíveis, ou não, para carregar o peso do outro, quando é verdadeiramente outro, irredutível na sua alteridade. Para Etty Hillesum, usar esta simples conjunção, *todavia*, significa fazer uma grande profissão de fé, que também é uma grande profissão de esperança na vida tal como ela é, real e concretamente.

Na qualidade de crentes, talvez nos gabemos muito de ter fé em Deus; às vezes quase corremos o risco de nos vangloriar de não confiar muito nas pessoas, pelo desejo de colocar toda a nossa vida em relação com o Altíssimo. No entanto, isso parece não funcionar. A nossa confiança na humanidade é a prova da nossa fé em Deus, que continua a ser a mais distante, a mais irredutível, a mais elevada. Portanto, podemos aprender com Etty a dar hospitalidade à alteridade, sabendo sofrê-la e aceitá-la, conscientes de que, todavia, há sempre uma possibilidade de aprender algo de belo sobre a vida, mesmo quando isso pode parecer muitíssimo duro. Penso que, segundo a lógica do nosso caminho como pessoas e como crentes, esse *todavia* seja uma forma de devolver esperança à nossa vida e também de sermos capazes de suscitar uma esperança na vida dos nossos irmãos e irmãs: "Porque a autêntica felicidade também é uma meta: sermos verdadeiramente felizes por dentro [...] sem voltar as costas a todo o sofrimento".[57] O primeiro passo parece ser a aceitação de que às vezes os outros não são os principais culpados da nossa infelicidade e do nosso sofrimento. Uma distinção sutil mas altamente terapêutica, que nos permite salvaguardar a nossa liberdade e a nossa dignidade, mesmo que estas sejam injustamente espezinhadas e, inclusive, quando, com toda a razão, pudéssemos dizer não só como a "vida é bela",[58] mas também – com a mesma verdade – que "a vida é dura. E muito dura!".[59]

Realidade

Etty Hillesum travou consigo mesma uma grande luta e um combate até à última gota de sangue, e saiu vitoriosa. Trata-se da luta contra a ilusão para assumir a realidade como único e autêntico lugar de possível insurreição contra cada ameaça – interior e exterior – à verdade da própria pessoa, que forma um todo com a verdade do Todo. Essa luta torna-se uma espécie de opção fundamental pela transparência, que poderíamos definir até como uma escolha de lucidez resgatada e purificada de qualquer possível desvio de

---

[57] Ibid., p. 86.
[58] Ibid., p. 134.
[59] Ibid., p. 75.

cinismo. Etty escreve assim no seu primeiro caderno, descrevendo os primórdios da sua relação com Spier: "A realidade é sempre um pouco diferente daquilo que a fantasia nos apresentou de forma muito atraente, e começo a aceitá-lo".[60] Por um lado, é sempre comovente, por outro, inquietante, sentir essa lucidez de Etty, que se torna clareza absoluta no sentido pleno do termo, ou seja, a sua lucidez toca a realidade dramática que está vivendo, antes de tudo, no seu coração e, depois, na história da qual é espectadora respeitosa, mas não muda. Através da escrita, Etty Hillesum não se contenta em descrever, mas tenta compreender, interpretar, para dar sentido a partir da passagem necessária da aceitação da realidade: "Bem, eu aceito esta nova certeza. Agora sei: eles querem o nosso aniquilamento total".[61]

À luz de uma passagem como esta, não se pode dizer, de maneira nenhuma, que Etty Hillesum não fazia ideia do que estava acontecendo. Chega até a falar dos "campos"; portanto, é claro que há uma lucidez profunda, mas a lucidez sobre o mal está como que completa e absolutamente associada à lucidez sobre o bem. Há um mal presente, mas também há um bem que está tão presente na vida que nenhum mal se pode tornar tirano no sentido de chamar toda a atenção sobre si próprio. Nisto Etty Hillesum é mestra de total lucidez: na capacidade de atribuir um nome preciso

---

[60] Ibid., p. 80.
[61] Ibid., p. 675.

àquilo que se pode verificar de negativo, sem esquecer que, no exato momento em que algo terrivelmente negativo está acontecendo, continua a crescer o bem, que sempre existiu e persistirá no futuro, enquanto o mal não tem futuro, mesmo quando parece tão assombroso que atrai toda a nossa atenção. Nesse sentido, não é raro que Etty Hillesum se afaste dos seus companheiros de sofrimento, tanto quando estes cedem à ilusão de negar a realidade como quando a identificam totalmente com tudo de penoso e duro que se está vivendo de forma terrível. A memória de Deus e o dever de ajudá-lo a sobreviver à tragédia da desumanização, oferecendo-lhe uma casa no coração, tornam-se, assim, uma verdadeira resistência à tirania do mal que se quer impor a ponto de identificar a realidade consigo mesma.

A lucidez de Etty Hillesum ante a realidade é uma mensagem que atravessa a história de cada um de nós. Nós temos dificuldade em ser honestos, sendo, por vezes, lúcidos para o mal, mas não igualmente lúcidos para o bem. A lucidez de Etty, ao contrário, é uma capacidade de apreender a realidade na sua misteriosa trama de situações e de emoções, que não se deixa apanhar por uma unilateralidade ofuscante e mortífera. Visto que isso pode ocorrer, é necessária uma vigilância rigorosa e uma generosidade incansável: "Devo fazer tudo por me manter em contato com este caderno, ou seja, comigo mesma; caso contrário, tudo pode correr mal, posso perder-me a cada momento. Agora, aliás, sinto-me um pouco assim, mas talvez seja apenas cansaço".[62]

O olhar sobre a realidade exige uma lucidez absoluta como capacidade de apreender a totalidade da verdade e, portanto, de não se deixar enredar demais pelo mal, que é sempre o triunfo da parcialidade e da desarmonia. À honestidade deve sempre somar-se essa medida de lucidez que não é apenas capacidade de nomear e de denunciar o mal, mas que exige a corajosa lucidez de denunciar o bem, de revelá-lo, de lhe dar lugar e visibilidade, sobretudo, quando isso se torna tão difícil.

Nesse sentido, Etty Hillesum torna-se mestra de uma lucidez sobre a realidade que não é pela metade, na qual há apenas lugar para a urgência do mal que tanto mal faz. Esta jovem mulher consegue manter a realidade na sua integridade, a ponto de ousar aquilo que parece absurdo: "A pergunta que me persegue é esta: que significa tudo isto, será que a vida vale a pena ser vivida? Por outro lado, seria necessário viver em plenitude, de tal modo que uma pergunta semelhante não tenha a mínima possibilidade de irromper no próprio eu, e deveríamos transbordar de vida e de paz ao mesmo tempo".[63]

Etty Hillesum nomeia com precisão – preto no branco – tudo aquilo que está acontecendo: "Desmoronou-se um

---

[62] Ibid., p. 82.
[63] Ibid., p. 85.

universo inteiro".[64] Apesar disso, não esquece que há algo ainda mais importante e verdadeiro que se mantém – inalterável e inalterado – sobre o fundo do oceano da alma, que forma um todo com o oceano do mistério da vida. Um texto de Rittelmeyer parece iluminá-la e, ao mesmo tempo, abrir-lhe os olhos para a indelegável "responsabilidade"[65] pessoal sobre a realidade fundamental da qual tudo depende e que é, precisamente, a vida como dom e como missão. Eis o texto de Rittelmeyer:

> A primeiríssima coisa que é dada ao homem, a *vida*, é aquilo que, no seu cume, ele deverá ganhar com dificuldade: a *vida*. Entre a *vida* que recebemos e a *vida* que devemos receber oscila a nossa *vida*, aquela que, a cada momento, vivemos ou não *vivemos*.[66]

Intimidade

Uma palavra que pode resumir a experiência humana de Etty Hillesum é: *intimidade*! Trata-se de uma percepção cada vez mais enraizada da presença divina que habita "dentro" do coração. A quem, "por conveniência", Etty Hillesum chama "Deus",[67] é, na realidade e cada vez mais, um Deus

---
[64] Ibid., p. 94.
[65] Ibid., p. 791.
[66] Ibid., p. 111.
[67] Ibid., p. 722.

íntimo e raro. A experiência de si mesma e da descoberta da própria personalidade como mistério a acolher e a cultivar torna Etty Hillesum cada vez mais sensível a um modo de conceber a vida espiritual a partir da transcendência mais simples e mais pura. Pelo menos por aquilo que nos é testemunhado e transmitido nas páginas do *Diário*, não sabemos se Etty Hillesum tinha participado, na sua infância e no início da sua juventude, de alguma experiência cultual. A única vez que, no *Diário*, menciona algo semelhante diz respeito a "uma espécie de desgosto relacionado à recente convenção de Oxford", a ponto de julgá-la "tão exibicionista" por parecer "tornar o amor a Deus público demais". A origem dessa "repugnância" não é objetiva, mas está ligada à sua experiência e ao seu caminho pessoal: "No entanto, quando anoto estas experiências, apercebo-me ainda certo embaraço, como se estivesse descrevendo a mais íntima das coisas; apercebo-me ainda mais tímida e com pudor do que se estivesse expondo, preto no branco, a minha vida amorosa".[68]

A leitura dos textos sagrados de várias tradições e, em particular, a familiaridade com Agostinho[69] reforçam certamente em Etty Hillesum essa maneira de sentir a Deus e de conceber a relação com ele. Tudo isto é vivido em um nível de profundidade que, embora se possa e se deva partilhar com os outros, através dos frutos de um amor ou de uma

---

[68] Ibid., p. 474.
[69] Ibid., pp. 567 e 793.

compaixão cada vez maiores, não é possível revelar o mistério das suas raízes profundas e secretas, íntimas até. Poder-se-ia dizer que o caminho interior de Etty Hillesum é um regresso à casa, que não significa um retorno à sinagoga nem uma entrada na igreja, mas um regresso à verdade e à profundidade do seu coração. Etty parece caminhar seguindo o rastro do pai Abraão, que, parecendo andar por entre desertos e planícies, na realidade, está em viagem para si mesmo, em peregrinação para a Meca e a Jerusalém do seu coração, sobre o qual se estende o céu acolchoado de estrelas do "Desejo grande e indivisível",[70] do desejo único.

Há que reconhecer que esse sentir-se em casa, no Desejo e no coração, é muito raro, sobretudo na nossa vida de crentes e ainda mais na nossa prática religiosa. Muitas vezes, é como se nos sentíssemos sempre fora de casa, mas Etty Hillesum, ao contrário, recorda-nos que, na realidade, somos para nós mesmos a casa onde devemos albergar Deus e a humanidade, quase como se fosse um "refúgio".[71]

Se a intimidade evoca a imagem da casa, na escrita de Etty Hillesum encontramos ainda outra imagem recorrente, que é a da *embarcação*:

---

[70] Ibid., p. 409.
[71] Ibid., p. 207.

Ontem, num momento desagradável, senti-me de repente completamente desligada dos dois últimos dias, sobretudo de domingo: pareciam-me tão irreais... Subitamente, porém, revi o domingo na minha mente. Era um dia que, qual navio tranquilo e majestoso, atravessa o ano. Esse único dia destacava-se da sucessão dos dias e condensava-se numa imagem, a de um navio, que atravessa, sonhador, mas muito seguro, o oceano cinzento do tempo. E também, por um instante, como a imagem de um cisne tranquilo sobre um lago sombrio.[72]

O navio é um meio de transporte muito diferente de todos os outros, porque, enquanto um avião, por exemplo, tem sempre de chegar e aterrar, caso contrário haverá sérios problemas, com o navio, um dia a mais ou um dia a menos pode revelar-se agradável até. O navio permite estar em viagem sentindo-nos em casa, porque nele estamos numa espécie de pequeno mundo à parte, um mundo autônomo e muito íntimo. É para nós mais espontâneo imaginar a vida espiritual por via aérea: deveríamos aterrar em alguma parte!

No entanto, talvez tenhamos de imaginar a nossa vida de homens, de mulheres, mas também de crentes, como uma viagem de *navio*. Não precisamos necessariamente aportar em algum lugar – pelo menos com urgência. À medida que soubermos viver o momento presente, na companhia de Deus, o fato de ele ser hóspede preciosíssimo da nossa alma, mesmo quando dorme na nossa "barca", não precisamos

---

[72] Ibid., pp. 282-283.

chegar a lado nenhum e, na realidade, não precisamos ir a parte nenhuma.

Tudo isso é possível quando, aquilo que somos, aquilo que vivemos, aquilo que podemos partilhar com os outros, se torna um lugar "seguro", não por ser o melhor, mas porque é o único que temos e, portanto, todo o resto também se torna, sob muitos aspectos, mais simples e simplificado.

Quando nos sentimos em casa, tornamo-nos capazes – sem sequer nos apercebermos disso –, de fazer com que todos se sintam em casa também, não exigindo continuamente nenhum outro porto diferente. Além disso, quando nos sentimos em casa, a nossa intimidade torna-se mais acolhedora e, portanto, não é vazia, e ainda menos *intimista*. A existência é habitada e, de modo completamente natural, entra em relação com aquilo que habita a vida dos outros: de intimidade em intimidade.

Como diria o poeta Rilke, que Etty Hillesum define como seu "educador",[73] aprende-se a entrar em relação e opta-se por fazê-lo como "criaturas humanas".[74] Creio que podemos nos deixar acompanhar por esta imagem do *navio*

---

[73] Ibid., p. 775.
[74] Ibid., p. 372. Trata-se, aqui, da transcrição de uma passagem das *Cartas a um jovem poeta*, que, junto com o *Livro das Horas*, são dois textos que Etty Hillesum relê continuamente. O mesmo texto é citado na p. 428 e evocado nas pp. 400-401.

que evoca a viagem da vida, entre uma e outra margem da existência, sentindo-nos livres e, ao mesmo tempo, seguros, a ponto de dizer: "Estou de novo navegando a velas soltas",[75] sem perder um mínimo de intimidade, antes, desfrutando-a a plenos pulmões e com todo o coração.

---

[75] Ibid., p. 292.

Pelos seus frutos, os conhecereis.
Por que podem colher-se uvas dos espinheiros
ou figos dos cardos?
(Mt 7,16)

O fruto é a nossa humanidade

O humano como solidão

Leitora assídua e apaixonada dos místicos, mas também dos poetas, e de modo muito particular de Rilke, para Etty Hillesum a solidão e a capacidade de vivê-la profundamente como dimensão constitutiva do ser humano[1] representam um teste inevitável. Parece ser uma espécie de etapa indispensável do seu processo de humanização. Ao *seu poeta*, que, graças a seus escritos, a faz se desenvolver,[2] Etty Hillesum escreve um elogio desapaixonado: "As cartas de Rilke são para mim como um mar, no qual *nado cada vez mais distante e mergulho cada vez mais fundo*".[3] Passar do frenesi sentimental e da necessidade compulsiva de relações amorosas para uma capacidade de amor cada vez mais profundo, vasto

---

[1] R. M. RILKE, *Lettere a un giovane poeta*, p. 41.
[2] E. HILLESUM, *Diario 1941-1943*, p. 478.
[3] Ibid., p. 476. O texto em itálico, no original, está em alemão, e o motivo invocado é o seguinte: "Eu não conseguiria formular nada semelhante em holandês".

e oblativo não foi fácil para Etty. Apesar disso e de todas as dificuldades, esta mulher – na realidade bastante jovem – conseguiu fazê-lo. O trabalho de integração, entre interioridade e exterioridade, entre espiritual e material, entre oração e presença histórica, foi-se tornando cada vez mais o grande desafio da sua vida, numa capacidade sempre crescente de navegar entre as margens opostas da sensibilidade pessoal e dos acontecimentos históricos tão duros e dolorosos:

> Às vezes, gostava de imaginar-me na cela de um convento, com a sabedoria de séculos sublimada nas estantes ao longo das paredes, e com a vista percorrendo os campos de trigo – teriam de ser, precisamente, campos de trigo, e também deveriam ondear ao vento. Gostaria de mergulhar aí, nos séculos e em mim mesma. E, com o passar do tempo, encontraria paz e lucidez. Contudo, isso não é assim tão difícil. É aqui e agora, neste lugar e neste mundo, que devo encontrar lucidez, paz e equilíbrio. Devo lançar-me e relançar-me na realidade, devo confrontar-me com tudo aquilo que encontro no meu caminho, devo acolher e nutrir o mundo exterior com o meu mundo interior e vice-versa, mas tudo isso é terrivelmente difícil e, precisamente por isso, sinto uma grande opressão.[4]

A consciência de como este trabalho interior é difícil e exigente ajuda – pouco a pouco – Etty Hillesum a acolher a necessidade de semear longamente, na solidão e no silêncio. Tudo isso para chegar àquele vazio interior necessário à

---
[4] Ibid., p. 125.

criação das condições de uma leitura interior e exterior da realidade, o máximo possível verdadeira, porquanto iluminada por um sentido de profundidade sempre crescente, que permite ler nas entrelinhas e intuir além das aparências e das evidências banais. Instantes deste tipo devem ser saudados e acolhidos como verdadeiros dons: "Eis um momento de paz, de bonança. Já não preciso pensar em nada". No entanto, sem ceder a estranhos sentimentalismos, a ponto de sentir a necessidade de acrescentar logo a seguir, para evitar qualquer presunção: "naturalmente, isso também pode ter a ver com as quatro aspirinas".[5] A solidão e o gosto pelo silêncio são sinais do mergulho de Etty no mistério do seu coração, que lhe permite enfrentar o rosto cada vez mais tenebroso do "enigma da vida",[6] que inclui a medida do mistério da morte. Com raro reconhecimento e gosto refinado, que não desdenha certa dose estética, anota assim:

> Há em mim um silêncio cada vez mais profundo. Abordam-no tantas palavras que se cansam de não conseguir exprimir nada. Há que poupar cada vez mais as palavras inúteis para podermos encontrar aquelas poucas que nos são necessárias. E esta nova forma de expressão deve amadurecer no silêncio. São nove e meia. Ficarei sentada nesta escrivaninha até ao meio-dia; pétalas de rosa espalharam-se entre os meus livros. Uma rosa amarela abriu-se ao máximo e fixa-me, grande e escancarada. Estas

---

[5] Ibid., p. 149.
[6] Ibid., p. 234.

duas horas e meia que tenho à minha frente parecem quase um ano de isolamento. Sinto-me tão reconhecida por estas poucas horas e também pela concentração que vai crescendo dentro de mim.[7]

A escrivaninha de Etty Hillesum torna-se para ela um recanto do mundo, imensa e ternamente amado, em que se renova, continuamente, o contato com as suas nascentes interiores. Essa peça de mobília torna-se muito mais do que um objeto, chegando a ser testemunha de uma busca de sentido que deixou uma marca na história da nossa humanidade. Entre as poucas coisas de que Etty sente saudade, a sua escrivaninha é recordada na desolação de Westerbork como "o mais belo lugar desta terra".[8] Aquilo que a escrivaninha representa para Etty Hillesum – um lugar favorável à sua própria humanização – será recuperado e reencontrado em situações cada vez mais complicadas, que, no entanto, nunca a impedirão de recriar um pequeno recanto só para si. De modo extremo, o privilégio da sua escrivaninha, sempre embelezada com flores, identificar-se-á, no contexto do campo de Westerbork, com o seu "travesseiro" do beliche de três andares. Sob essa almofada, que representa para todos o único espaço extremo de intimidade, ao contrário dos seus companheiros de desventura, não esconderá comida ou um pedaço de sabão, mas as coisas mais essenciais para a so-

---

[7] Ibid., p. 734.
[8] E. HILLESUM, *Lettere 1941-1943*, p. 153.

brevivência da sua humanidade: "Agora o Livro das Horas está debaixo do meu travesseiro, ao lado da minha pequena Bíblia".[9] Essa capacidade de perseverar na vigilância e na solicitude pela interioridade será possível por aquele longo hábito que tinha criado nos tempos privilegiados de Amsterdã, onde e quando os tempos difíceis tinham sido, remota e eficazmente, preparados, a ponto de não a terem apanhado despreparada:

> Sento-me à minha escrivaninha, com a sua grande superfície escura, como numa ilha deserta. [...] que importa se estudo uma página de livro a mais ou a menos? Desde que vivas prestando ouvidos ao ritmo que trazes dentro de ti – àquilo que brota do fundo de ti mesma.[10]

A atenção prestada àquilo que "brota do fundo" é algo que um grande mestre como Eckhart tinha ensinado e escrito longamente na língua alemã, que por vezes Etty não consegue traduzir bem em holandês, mas cujas exigências são claras para ela desde o seu primeiro caderno pautado: "Simplesmente vergonhoso, débil e patético: enquanto continuares assim, concentrada só pela metade, não te sairá absolutamente nada. E agora tens de prestar atenção".[11] Através dessa atenção crescente, as riquezas que jazem nas minas

---

[9] Ibid., p. 123.
[10] E. HILLESUM, *Diario 1941-1943*, p. 270.
[11] Ibid., p. 39.

do coração da humanidade chegam a ser profundamente entendidas como o "fundo/*grunt*".[12] O coração reclama sempre um pouco mais de atenção e de amor, inclusive – e, talvez, sobretudo – nos momentos mais trágicos, exigindo um espaço de acolhimento e de escuta ao qual Etty não renuncia, mesmo quando isso lhe custa muito:

> Hoje, quero retirar-me para repousar no meu silêncio: no espaço do meu silêncio interior, ao qual peço hospitalidade por um dia inteiro. [...] Há sol sobre aquele telhado, e um coro de chilreios exultantes; este quarto já está tão recolhido, à minha volta, que seria possível rezar. [...] Passarei o dia inteiro num pequeno recanto daquela grande sala silenciosa que tenho dentro de mim. [...] Assim, cansada, posso ficar sentada no pequeno recanto do meu silêncio, acocorada como um Buda e esboçando um sorriso como o dele – interiormente, entenda-se.[13]

Em Westerbork, parece que Etty não teria lamentado a ausência de muitas outras coisas da vida fora do campo, além desses longos períodos de solidão, de silêncio e de leitura, de tal modo que escreve numa das suas cartas: "Se tu soubesses o que significa, aqui, estarmos um pouco sozinhos num quartinho!".[14] Esse amor pela solidão é tão insistente no coração de Etty que ela o conservou até o fim, até o últi-

---

[12] MESTRE ECKHART, Il Distacco, in *Opere Tedesche* (coordenado por M. Vannini), I,162, Florença, La Nuova Italia, 1982.
[13] E. HILLESUM, *Diario 1941-1943*, pp. 689-690.
[14] Id., *Lettere 1941-1943*, p. 94.

mo bilhete – já citado na apresentação – que lançou do vagão de mercadorias que a conduzia para o leste: "Christien, abro a Bíblia ao acaso e encontro isto: 'O Senhor é o meu alto refúgio'. Estou sentada sobre a minha mochila no meio de um vagão de mercadorias apinhado de gente...".[15] Até o último momento, Etty não renuncia a estar "no meio", mas permanecendo quem é e em contato com as nascentes e as alturas, através do livro por excelência que é a Bíblia. Para continuar a fazê-lo numa situação tão terrível e desumanizada como a da *Shoah*, teria de exercitar-se longamente na defesa da própria solidão essencial para não renunciar à sua irrenunciável liberdade:

[...] mas estou sentada num pequeno recanto lendo Rilke. [...] Ontem fizemos mudanças inesperadas [...] todos davam ordens e contraordens, inclusive a propósito da cadeira mais insignificante, mas Etty estava sentada a um canto naquele chão imundo, entre a sua máquina de escrever e o seu embrulho de sanduíches, a ler Rilke. Naquele lugar, eu própria estabeleço as minhas normas de comportamento e vou e venho como melhor me parece. No meio daquele caos e daquela miséria, vivo de tal maneira um ritmo próprio que, a cada instante, enquanto escrevo à máquina aquelas cartas, posso embrenhar-me nas coisas que acho importantes. Não se trata de me isolar da dor que tenho à minha volta, nem sequer de uma forma de apatia.

---

[15] Ibid., p. 155.

Suporto e guardo tudo dentro de mim, mas sigo em frente pelo meu caminho.[16]

Rilke, precisamente, ensinou a Etty o amor pela solidão como dimensão fundamental e irrenunciável do processo de humanização, e, com certeza, ela teria aprendido com o poeta-mestre a sussurrar o magnífico poema "Creio nas noites".[17] Assim, o fascínio irresistível pela intimidade, inclusive dolorosa, que, de forma tão única, a noite – não só a noite cósmica, mas ainda mais a noite interior da qual João da Cruz foi um admirável e apaixonado cantor – é capaz de fazer experimentar:

De vez em quando, no coração da noite, permanecemos só Deus e eu. Não há mais ninguém que me possa ajudar. Tenho responsabilidades, mas não as assumo de fato: ainda brinco demais e sou indisciplinada. Com efeito, não me sinto empobrecida, mas rica e em paz. Permanecemos só Deus e eu.[18]

Nas noites terríveis de Westerbork, em que velhos e crianças eram deportados, Etty Hillesum ainda encontra espaço para Deus, e isso lhe permite encontrar espaço para todos, mas, sobretudo, para si mesma e para sua interioridade.

---

[16] E. HILLESUM, *Diario 1941-1943*, pp. 732-733.
[17] R. M. RILKE, *Il Libro d'Ore*, Turim, Einaudi-Gallimard, 1994, vol. 1, pp. 114-115 [ed. port.: *O livro de horas*. 2. ed. Rio de Janeiro: Civilização Brasileira, 1994.]
[18] E. HILLESUM, *Diario 1941-1943*, p. 791.

Com aquilo que poderemos definir, utilizando as palavras de Bonhoeffer, como uma contínua rendição à resistência e uma cada vez mais profunda resistência à rendição, Hillesum consegue transformar o tempo e a lógica do extermínio em ocasião propícia para "passar de um parto ao outro".[19] Isso assume um significado ainda mais grave, ou seja, fortíssimo, para a história de Etty, que tinha renunciado deliberadamente a ter filhos, não se poupando sequer à experiência de um aborto decidido de forma consciente.[20] Esse parto da interioridade, embora doloroso como qualquer parto, também é silencioso e pacífico, ao contrário do drama daquele parto que, ao contrário, fechara as portas a uma nova vida. Numa palavra, essa fecundidade é vivida na mais absoluta discrição, cujo fundamento é a grande conversão da própria mentalidade: "Meu Deus, ainda não se dão conta de que todas as coisas que existem são areias movediças, a não ser tu".[21] De certo modo, Etty Hillesum tenta dar o exemplo dessa capacidade generosa de trabalhar assiduamente na dura escavação da própria vida interior, em que ninguém

---

[19] Ibid., p. 288.
[20] Ibid., pp. 286. Etty Hillesum não esquece aquela "criança nunca nascida" (p. 433) que faz parte do mundo invisível em direção ao qual se sente em viagem. No momento, precisamente, do seu primeiro luto grave, que foi a morte de Spier, anota: "Trago-te dentro de mim como o meu filhinho nunca nascido, mas não te trago no ventre, trago-te no coração, que também é um lugar mais respeitável" (p. 715).
[21] E. HILLESUM, *Lettere 1941-1943*, p. 120.

pode substituir ninguém, mas onde cada um pode ser, para os outros, motivo de encorajamento e de apoio:

É verdade que de vez em quando podemos estar tristes e abatidos por aquilo que nos fazem, é humano e compreensível que assim seja. [...] A vida é difícil, mas não é grave. Devemos começar a levar a sério o nosso lado sério, o resto virá por acréscimo: e "trabalhar a nós mesmos" não é propriamente uma forma de individualismo doentio. Uma paz futura só será real se antes tiver sido encontrada pela pessoa dentro dela mesma – se cada homem tiver se libertado do ódio contra o próximo de qualquer raça ou povo, se tiver superado esse ódio e o tiver transformado em algo diferente, talvez a longo prazo, no amor, se isto não for pedir demais. É a única solução possível. E assim poderia continuar ao longo de páginas e páginas. Esse pedacinho de eternidade que trazemos dentro de nós tanto pode ser expresso numa palavra como em dez volumes. Eu sou uma pessoa feliz e bendigo esta vida, bendigo-a precisamente neste ano do Senhor de 1942, enésimo ano da Guerra.[22]

Poucos dias antes da sua inesperada, mas não imprevista, deportação de Westerbork, escreve assim numa carta de 2 de setembro de 1943: "Vivo na comunidade, mas também muito para mim mesma, e consigo fazê-lo lindamente, embora aqui estejamos às costas, em cima, embaixo e no meio uns dos outros".[23] Etty Hillesum consegue realizar assim

---

[22] Id., *Diario 1941-1943*, p. 638.
[23] Id., *Lettere 1941-1943*, p. 152.

aquela grande virtude do desapego que Mestre Eckhart[24] considera maior do que a própria humildade:

> O dia de ontem deu-me tanta coragem, compreendi que Deus renova sempre as minhas forças. Mil fios me ligam ainda a este lugar. Terei de arrancá-los um a um e de carregar tudo a bordo, assim não deixarei nada para trás quando tiver de partir, levarei tudo dentro de mim. Há momentos em que me sinto como um passarinho escondido dentro de uma mão protetora. [...] E, precisamente o fato de ter de percorrer o meu caminho sozinha, faz-me sentir tão forte! Alimentada de hora a hora pelo amor que sinto por Ele e pelos outros. Infinitos casais formam--se no último momento, por desespero. Prefiro estar sozinha e ser para todos.[25]

O humano como discrição

Poder-se-ia imaginar a vida de Etty Hillesum – assim como a vida de cada homem e mulher neste mundo – semelhante à de uma árvore cujas raízes se afundam na solidão e cujos ramos frutíferos se derramam na comunhão. A seiva desta árvore, aquilo que permite a comunicação contínua entre a raiz mais profunda e o ramo mais fino e mais afastado da terra, mas mais próximo do céu, é, precisamente, a oração. Uma oração plenamente evangélica no sentido de

---

[24] M. ECKHART, Il Distacco, em *Opere Tedesche* (coordenado por M. Vannini), I,162, La Nuova Italia, Florença 1982.
[25] E. HILLESUM, *Diario 1941-1943*, pp. 741 e 744.

uma fidelidade ao ensinamento de Jesus – "reza ao teu pai, que está no segredo" (Mt 6,6) – e ao seu exemplo pessoal de longas noites passadas "orando na solidão" (Mt 14,23). Para Etty Hillesum, a oração está sempre e essencialmente ligada à discrição, e esta virtude torna-se uma espécie de autêntica necessidade da própria oração. A escola da oração torna-se para ela uma escola de humanidade e uma maneira de estar na presença de Deus, de si própria e do mundo que a rodeia, numa medida cada vez mais harmoniosa e capaz de plena responsabilidade e de respeito absoluto, inclusive, pelo inimigo, pelo mal. Etty não tem nenhuma pretensão, senão a de estar presente, e completamente presente, mas de modo discreto, segundo uma belíssima oração de abandono e de desejo que faz lembrar muito a que fora escrita, alguns anos antes, pelo irmão Charles de Foucauld:

> Meu Deus, toma-me pela mão, seguir-te-ei com valentia, não oferecerei demasiada resistência. Não me esquivarei a nenhuma das coisas que tiver de aguentar nesta vida, tentarei aceitar tudo e da melhor forma possível. No entanto, concede-me, de vez em quando, um breve momento de paz. Não voltarei a pensar, na minha ingenuidade, que um momento assim tem de durar eternamente, também saberei aceitar a inquietação e o combate. O calor e a segurança agradam-me, mas não me revoltarei se tiver de estar no frio, desde que tu me dês a mão. Irei por toda parte, então, e tentarei não ter medo. E onde quer que me encontre, procurarei irradiar um pouco daquele amor, daquele verdadeiro amor pelos homens que trago dentro de mim. Mas tampouco

me devo gabar desse "amor". Não sei se o possuo. Não quero nada de muito especial, quero apenas procurar ser aquela que dentro de mim pede para se desenvolver plenamente. Às vezes, penso que desejo o isolamento de um claustro. Todavia, deverei realizar-me entre os homens e neste mundo.[26]

O crescimento de Etty Hillesum na vida de oração e de atenção a Deus transforma radicalmente a sua vida, conferindo-lhe uma nota de discrição cada vez maior que é, antes de tudo, uma atitude interior de atenção às coisas, ao espaço, ao corpo e até ao tempo, que deve ser integralmente usado sem ser abusado devido à pressa ou à indolência. O núcleo incandescente de unidade e de harmonia reencontradas em torno do centro do próprio coração, que vai adquirindo uma capacidade sempre crescente de passar do "caos"[27] à "harmonia",[28] reflete-se em toda a sua pessoa e consegue iluminar o espaço e o tempo do seu viver concreto e cada vez mais dramático: "Nunca ninguém deveria fazer de outra pessoa o centro da própria vida. [...] Cada um deveria ter um mundo pessoal, com um centro próprio; é a partir desse centro que depois se podem transmitir aos outros energias ou forças etc.".[29] Tudo isso se transforma para Etty numa ascese rigorosa não só interior, mas também de reordenação

---

[26] Ibid., p. 239.
[27] Ibid., p. 61.
[28] Ibid., p. 206.
[29] Ibid., p. 106.

contínua do seu ritmo de vida,[30] para poder reforçar a sua liberdade em relação aos outros como condição necessária de cada relação autêntica e saudável:

> Devo recuperar uma antiga sabedoria: "Quem repousa em si próprio não tem o tempo em conta; um verdadeiro amadurecimento não tem o tempo em conta". [...] A nascente de cada coisa deve ser a própria vida, nunca outra pessoa. Muitos, porém – sobretudo mulheres –, vão buscar as próprias forças nos outros: a sua nascente é o homem e não a vida. Tal atitude parece-me muito distorcida e antinatural.[31]

Esta jovem mulher, que andava continuamente em busca de qualquer coisa ou de alguém a quem se agarrar e em quem encontrar estímulo para viver e reencontrar o refúgio de certa segurança, aprende precisamente, através da oração, a viver cada vez mais nas pontas dos pés, de forma quase invisível, ou, de qualquer modo, com leveza cada vez maior. É uma discrição que toca a raiz de cada indiscrição e de cada violência, superando assim as expectativas egoístas e narcisistas, a ponto de, certo dia, o próprio Spier comentar: "Ela nunca espera nada do mundo exterior, por isso acaba sempre recebendo alguma coisa".[32] Uma mulher tão ardentemente sentimental vai compreendendo cada vez melhor,

---

[30] Ibid., p. 118.
[31] Ibid., pp. 116-117.
[32] Ibid., p. 588.

sem nunca renunciar ao amor como capacidade de doação e de partilha, o que Spier queria dizer com uma frase bastante significativa: "Enamorar-se não é uma arte; é necessário muito mais arte para não o fazer".[33]

Essa transformação profunda é certamente ajudada e sustentada por aquilo que poderíamos definir como a vida ascética de Etty Hillesum, que brota – como sempre – de um sentimento de admiração em relação a quem já percorreu um pedaço dessa estrada antes dela. E assim abraça generosamente o difícil caminho de "abandonar o teu pequeno ego".[34] Segundo este ponto de vista, embora fosse uma mulher completamente emancipada, Etty revela-se cada vez mais como mulher da Tradição, sem assumir não ter necessidade de ser discípula para se tornar, a seu tempo e a seu modo, mestra. Anota assim numa carta, retomando um texto de Paula Modersohn-Becker, que acabara de ler:

> Tinha no sangue aquela total falta de pretensões em relação à vida que é apenas aparente e que constitui a verdadeira expressão madura de elevadíssimas pretensões: o desprezo por toda exterioridade, que nasce do sentimento inconsciente da própria plenitude e de uma secreta, não completamente explicável, felicidade interior.[35]

---

[33] Ibid., p. 117.
[34] Ibid., p. 118.
[35] E. HILLESUM, *Lettere 1941-1943*, p. 128.

Etty aprende a estabelecer regras para si própria, aprendendo a escutar-se e a dirigir-se, sem evitar corrigir-se. Apercebe-se, por exemplo, que "levantar-me cedo me fará muito bem",[36] e que a primeira hora do dia, "a semana passada, foi, precisamente, a minha melhor hora".[37] A experiência a faz descobrir as leis e as regras comuns à ascese espiritual de todos os tempos e de todos os lugares, em relação, por exemplo, a um pequeno jejum a ser feito no início do dia como experiência de liberdade e de disponibilidade para interceptar e erradicar os "apetites" dos "lugares mais ocultos"[38] da alma. Esse jejum matinal recorda o tradicional jejum preparatório da comunhão da tradição das Igrejas:

> Esta hora anterior ao café da manhã é para mim como uma plataforma a subir cada um dos meus dias. Há uma grande tranquilidade, apesar de os vizinhos estarem com o rádio ligado e de Han estar ressonando – baixíssimo, é certo – atrás de mim. Não sinto qualquer pressão à minha volta.[39]

É comovente assistir à preparação desta "plataforma" que, dia após dia, Etty vai construindo, lenta mas decididamente, no coração e através de uma escuta profunda daquilo que pode aprender com as pessoas e com os livros, mas sem

---

[36] E. HILLESUM, *Diario 1941-1943*, p. 316.
[37] Ibid., p. 269.
[38] Ibid., p. 639.
[39] Ibid., p. 589.

se conformar com um programa preestabelecido e sem por isso ser superficialmente autodidata. Há nela uma docilidade cheia de responsabilidade e uma afabilidade aberta ao risco e à experimentação na própria pele, aceitando afastar-se do modo de agir comum. Com efeito, se por um lado afirma: "Há quem se lamente por estar muito escuro de manhã", logo a seguir anota: "para mim, ao contrário, é muitas vezes a melhor hora do dia".[40] Portanto, como fazer para descobri-lo e para se convencer disso, a não ser saltando da cama? Eis o seu relato:

Esta manhã saltei da cama ao alvorecer e ajoelhei-me à janela. A árvore estava imóvel na manhã cinzenta e silenciosa. Rezei: meu Deus, concede-me a paz grande e poderosa da tua natureza. Se me queres fazer sofrer, dá-me a dor grande e plena, não as mil pequenas preocupações que me consomem completamente. Dá-me paz e confiança. Faz com que cada um dos meus dias seja algo mais do que as mil preocupações pela sobrevivência cotidiana. [...] estou disposta a ficar tranquilamente deitada durante vários dias, mas então quero tornar-me uma única e grande oração. Uma única e grande paz.[41]

Dessa experiência interior de paz nascem a urgência e a necessidade de se subtrair a toda forma de ruído e de violência para assumir uma atitude silenciosa e sumamente discreta em relação àquilo que acontece e, até, às necessidades

---

[40] Ibid., p. 269.
[41] Ibid., p. 786.

cotidianas que se vão tornando cada vez mais prementes. Etty Hillesum vai se dando conta cada vez mais de como é difícil viver a simplicidade que se aprende com a oração e na oração, e de quanta ambiguidade se mistura com as melhores intenções:

Por vezes, parece-me que cada palavra que é dita e cada gesto que é feito fazem aumentar o grande equívoco. Então gostaria de mergulhar num grande silêncio, e também gostaria de impor esse silêncio aos outros. Sim, por vezes qualquer palavra aumenta os mal-entendidos nesta terra demasiado loquaz.[42]

Uma terra "demasiado loquaz" corre o risco de ser uma terra bastante confusa e, por conseguinte, violenta, cujo primeiro sintoma é a complicação que se opõe, ao contrário, àquela capacidade de "exprimir as coisas difíceis desta vida com palavras muito simples".[43] O primeiro e inevitável passo desse salto de consciência é completamente pessoal e diz respeito, em primeiro lugar, à própria pessoa. "A ambivalência que há em mim é chocante."[44] Portanto, não passa despercebido a Etty Hillesum o risco de condescender com um excesso de loquacidade interior, que, longe de criar espaços de quietude geradores de um verdadeiro amor, pode, ao contrário, ser sinal de um agravamento das próprias doenças

---
[42] Ibid., pp. 207-208.
[43] Ibid., p. 669.
[44] Ibid., p. 93.

interiores. O silêncio e a solidão não são abraçados para se afastar, mas para entrar em contato com um fragmento de eternidade em que seja possível recriar sempre uma comunhão sem mal-entendidos, uma solidariedade livre das contaminações do medo e do egoísmo. Etty Hillesum desconfia sempre do risco de um misticismo que seja a simples máscara da sua tendência histérica para o encerramento narcisista e nunca deixa de manter sob controle a sua doença espiritual da qual decidiu não querer morrer, tendo optado por morrer gastando-se pelos outros, e não por uma consumpção autorreferencial:

> Sinto-me como alguém que esteja convalescendo de uma doença grave. Sinto a cabeça bastante vazia e as pernas ainda um pouco frouxas. Ontem sentia-me muito mal. Não vivo de forma suficientemente simples. Abandono-me demasiado a "libertinagens", a bacanais do espírito. E talvez me identifique demasiado com aquilo que leio e estudo: Dostoievski continua a destruir-me, de um modo ou de outro. Devo tornar-me mais simples, deixar-me viver um pouco mais, não pretender ver resultados imediatos. Agora sei qual é a minha cura: acocorar-me a um canto e escutar aquilo que tenho dentro de mim, bem recolhida em mim mesma. Só com o pensamento nunca lá chegarei. Pensar é uma bela, uma magnífica ocupação, quando se estuda, mas não te podes "pensar em ti fora" de um estado de alma doloroso. Então, deves fazer outra coisa, deves tornar-te passiva e escutar, retomando contato com um fragmento de eternidade.[45]

---

[45] Ibid., pp. 155-156.

Cada vez que Etty Hillesum corre o risco de regressar àquele estado de dispersão do qual a oração nos levanta e eleva, é socorrida interiormente por aquilo que pode ser definido como um novo instinto de sobrevivência espiritual, pelo qual "Então sinto de repente a necessidade de me ajoelhar num recanto tranquilo, de me travar, mantendo-me bem recolhida dentro de mim mesma, de velar para que as minhas forças não se percam numa região sem limites".[46] Essa necessidade quase impetuosa de recolhimento renova nela o propósito que, na situação tão dramática com que é chamada a confrontar-se, quase se transforma numa aposta consigo mesma e com o mundo inteiro. O seu propósito desemboca, de modo completamente natural, numa pergunta.

> Conseguirei sempre encontrar uma hora. Manter-me-ei completamente fiel a mim mesma e não me resignarei nem me vergarei. Poderia porventura aguentar este trabalho, se não me alimentasse a cada dia daquela grande paz e lucidez que há em mim?[47]

Todo esse trabalho continua a alimentar a vida interior de Etty, dando-lhe uma força sempre nova para fazer frente às várias situações que exigem a sua presença, a sua compaixão, o seu envolvimento, sem nunca alimentar fantasias de heroísmo. Isso é possível porque, na mente e no coração de

---

[46] Ibid., p. 438.
[47] Ibid., p. 726.

Hillesum, permanece firme a consciência de como tem sido "um caminho verdadeiramente duro" ousar a fé em Deus e colocá-la como fundamento seguro de uma grande confiança na vida, nas pessoas, nas situações, por mais incompreensíveis e dolorosas que sejam.[48] Esse duro caminho é a passagem da exterioridade à interioridade, aquilo a que poderíamos chamar uma Páscoa de passagem para o essencial de nós mesmos e sobre nós mesmos, que torna possível apreender a essência dos outros e o essencial daquilo que nos faz falta. É a própria Etty Hillesum que o diz, resumindo, de certo modo, um ano da sua vida, aquele que poderia ser definido como o primeiro ano do seu renascimento:

> A última noite de um ano que foi o mais rico e frutuoso, e ao mesmo tempo o mais feliz de todos. E se eu tivesse de explicar numa só palavra por que é que este ano foi tão bom – a partir do dia 3 de fevereiro, quando toquei timidamente à porta do n. 27 da Courbetstraat e um tipo medonho me examinou as mãos, ostentando uma antena na cabeça –, deveria dizer: pela minha grande tomada de consciência. O que também significa poder dispor das minhas forças mais profundas. [...] Escutar-me por dentro. Já não me deixar guiar por aquilo que se aproxima de fora, mas por aquilo que se eleva por dentro.[49]

Esse renascimento exigiu de Etty uma reorganização de toda a sua vida, por exemplo, em relação ao uso da palavra: "a

---

[48] Ibid., p. 338.
[49] Ibid., p. 320.

coisa mais importante será estabelecer a justa relação entre palavras e silêncio – o silêncio em que sucedem mais coisas do que em todas as palavras enfeixadas. [...] as palavras deveriam servir apenas para conferir ao silêncio a sua forma e os seus contornos".[50] Assim também revoluciona de forma radical a organização e o uso do tempo, a ponto de falar de si própria em termos bastante severos:

Não creio que na Holanda haja outra pessoa que viva em condições tão boas, ou pelo menos assim me parece. Devo fazer bom uso de todo o tempo que tenho à minha disposição e que não é consumido pelas preocupações cotidianas, devo aproveitá-lo minuto a minuto. É uma pesada responsabilidade! A cada dia me parece não ter trabalhado com suficiente intensidade e concentração. Tenho verdadeiras obrigações, obrigações morais.[51]

Mais uma vez, para Etty, "obrigações morais" não são aquelas em que pensaríamos espontaneamente, tratando-se antes de uma atenção desperta para não desperdiçar as possibilidades de vida que esta oferece, mesmo minimamente. A sensibilidade à transcendência manifesta-se concretamente na atenção aos mínimos fragmentos de vida disseminados na própria existência e na existência alheia, e até na natureza criada. A discrição de Etty manifesta-se, inclusive, na consideração do destino com o qual trava um diálogo

---

[50] Ibid., pp. 579-580.
[51] Ibid., p. 633.

suavíssimo, num contexto em que o destino podia ser – e era! – motivo de desfalecimento e até de maldição. Etty penetra o lado interno do "destino",[52] aceitando toda a sua impotência ante sua forma de apresentação histórica e o seu peso na vida das pessoas:

> Acho igualmente bela a vida. [...] Parece-me presunçoso afirmar que um homem pode determinar o próprio destino a partir de dentro. Aquilo que o homem, pelo contrário, tem nas mãos é a sua própria orientação interior para o destino. [...] Aquilo que qualificava a vida de cada um era a atitude interior para esses fatos.[53]

Aquilo que nos torna reais e perduravelmente humanos é, precisamente, essa "atitude interior" que nos assemelha à realidade divina que habita a nossa interioridade, a ilumina e transforma, até imprimir o caráter próprio das raízes, inclusive, à folha mais frágil que se deixa acariciar ou fustigar pelo vento no ramo mais elevado. Assim, a atitude de Etty Hillesum, em relação à vida e à história com que é forçada a confrontar-se tão duramente, é uma atitude discreta, precisamente, a dos orantes, que são impregnados da própria paciência infinita de Deus, a ponto de se envolverem apaixonadamente, mas sem dar demais na vista. A própria

---

[52] Ibid., p. 379.
[53] Ibid., pp. 379 e 385.

oração torna-se, assim, um modo de habitar o mundo e de conferir profundidade à história.

Estou-te tão reconhecida por teres escolhido precisamente o meu coração, nestes tempos, para o ajudar a suportar tudo. [...] Retomarei o velho e bem estabelecido hábito de, de vez em quando, discorrer um bocadinho comigo mesma sobre estas pequenas linhas azuis. Falarei contigo, meu Deus. Posso? Como as pessoas vão desaparecendo, não me resta outra coisa senão o desejo de falar contigo. Amo assim tanto os outros porque em cada um deles amo um pedacinho de ti, meu Deus. Procuro-te em todos os homens e, frequentemente, encontro neles alguma coisa de ti. E procuro desenterrar-te do seu coração, meu Deus. Mas agora precisarei de muita paciência e reflexão, o que vai ser muito difícil.[54]

Ali, onde as respostas já não são possíveis e as perguntas são terríveis, eis que, "às vezes, inesperadamente, alguém se ajoelha num recanto de mim mesma: quando caminho pela rua e estou falando com uma pessoa" e, acrescenta, "esse alguém que se ajoelha sou eu".[55] Poderíamos dizer que, quando Etty se ajoelha diante de Deus, é como se tomasse uma posição na história e ao lado de todos os seus companheiros de caminho. A oração *habitual* torna-se para Hillesum uma maneira de estar no mundo e de estar presente, embora sem

---

[54] Ibid., pp. 749-750.
[55] Ibid., p. 755.

nunca impor a sua presença, sem nunca se ausentar. Perto do fim do *Diário*, anota:

> E, quando a borrasca for demasiado forte, e eu já não souber como escapar, restar-me-ão sempre duas mãos juntas e um joelho dobrado. É um gesto que a nós, judeus, não foi transmitido de geração em geração. Tive de aprendê-lo a custo. É a herança mais preciosa que recebi do homem de quem já quase esqueci o nome, mas cuja parte melhor continua a viver em mim. Como é estranha a minha história – a história da jovem que não sabia ajoelhar-se. Ou, com uma variante: da jovem que aprendeu a rezar. É o meu gesto mais íntimo, ainda mais íntimo do que os gestos que tenho por um homem. Não podemos certamente derramar todo o nosso amor sobre uma única pessoa...[56]

Eis o segredo e a forma da oração de Etty, uma oração bem discreta, mas profunda: "duas mãos juntas e um joelho dobrado". Na realidade, na tradição judaica, não se pede à mulher que vá à sinagoga, mas que louve a Deus em casa, trabalhando com as suas mãos, sobretudo na escrupulosa preparação dos alimentos para a família. Como cada mulher judia (cf. Pr 31,10ss) – talvez como todas as mulheres –, Etty pode bem confiar nas suas mãos, chegando ao ponto de dizer: "Estas duas mãos também vêm comigo, com os seus dedos expressivos, quais jovens ramos robustos. Muitas vezes se unirão em oração e me protegerão; e estarão comigo

---

[56] Ibid., pp. 793-794.

até ao fim".[57] Esse juntar as mãos é um gesto "que se tornou caro"[58] a Etty e, no fim, representa tudo aquilo que lhe é necessário, não só para não ter medo, mas para sustentar os seus companheiros de viagem e de desventura, ajudando-os a não ter um medo excessivo:

> Pelo contrário, é necessário que eu tenha tudo em mim mesma. Também devemos ser capazes de viver sem livros e sem nada. Contudo, haverá sempre um pedacinho de céu para onde olhar e bastante espaço dentro de mim para juntar as mãos numa oração.[59]

Dessa oração, que é um verdadeiro "repousar em si mesma" para fazer emergir a "parte mais profunda e rica de mim, na qual repouso e a que chamo *Deus*",[60] nasce uma espécie de imperativo moral que se abre sobre os outros até permitir dar a vida, e que soa de forma magnífica nas seguintes palavras:

> No fundo, o nosso único dever moral é desbravar em nós mesmos vastas áreas de tranquilidade, de tranquilidade cada vez maior, até sermos capazes de irradiar também sobre os outros. E quanto mais paz houver nas pessoas, mais paz haverá neste mundo conturbado.[61]

---

[57] Ibid., p. 165.
[58] Ibid., p. 793.
[59] Ibid., p. 718.
[60] Ibid., p. 756.
[61] Ibid., p. 778.

O humano como comunhão

Não faltou a acusação dirigida contra Etty Hillesum de ter optado por uma forma de misticismo, em vez de se opor ao mal, ou, pelo menos, de tentar salvar-se da fúria do holocausto, como tantos dos seus amigos a aconselharam e fizeram. Para Etty, parece nunca se ter levantado a questão que dilacerou a consciência de Edith Stein em relação a uma passagem do Judaísmo para o Cristianismo, que facilmente poderia ser considerada um subterfúgio para salvar a própria vida. Apesar disso, Etty conheceu a luta contra a maneira mais adequada de dar uma resposta ao mal, que aos seus olhos se apresenta sob a forma histórica do nazismo. Para Hillesum, o nazismo, com tudo aquilo que significa, em particular para os judeus da Europa, não passa de uma manifestação do mal que atravessa a história inteira. É certo que não se pode aceitar tanto mal ao mesmo tempo, porém, esta jovem judia não renuncia a olhar para dentro do seu coração a fim de reencontrar – também dentro de si – os germes daquilo que a está matando e fazendo tantas pessoas sofrer:

> Meu Deus, às vezes não consigo entender nem aceitar aquilo que os teus semelhantes nesta terra fazem uns aos outros, nestes tempos tempestuosos. Contudo, isso não me leva a fechar-me no meu quarto, meu Deus: continuo a olhar as coisas de frente e não quero fugir diante de nada; tento compreender os delitos mais graves, tento localizar a cada momento o pequeno ser humano nu que muitas vezes se tornou irreconhecível, por entre

os escombros provocados pelos seus atos desvairados. Eu não estou aqui, num quarto tranquilo ornado de flores, saboreando Poetas e Pensadores que glorificam a Deus. Isso não seria assim tão difícil, nem julgo estar tão "alheada do mundo", como dizem, enternecidos, os meus bons amigos. Cada pessoa tem a sua realidade, eu sei, mas eu não sou uma visionária, perdida em sonhos, uma "bela alma" ainda um pouco adolescente. [...] Olho de frente para o teu mundo, meu Deus, e não fujo da realidade para me refugiar nos sonhos – ou seja, mesmo perante a realidade mais atroz, há lugar para sonhos maravilhosos – e continuo a bendizer a tua criação, apesar de tudo![62]

Poder-se-ia dizer que a prova da autenticidade do processo interior vivido por Etty – bem como daquele de cada um de nós – está precisamente ligada a esse realismo e à capacidade de verificar o próprio caminho pessoal e íntimo entrando em comunhão com todos os outros. Para Hillesum, é fortíssima a consciência de que está numa situação privilegiada, e não poupa a si própria das perguntas mais cruéis e exigentes, como esta:

> O meu trabalho permite-me permanecer sempre nos elevados mundos do espírito; [...] conseguirei levar adiante o meu trabalho com a mesma convicção e dedicação que teria se morasse com mais sete pessoas famintas num quarto imundo? Para mim,

---
[62] Ibid., pp. 565-566.

este trabalho espiritual, esta intensa vida interior, só terão valor se puderem ser perseguidos em qualquer circunstância.[63]

Essa tomada de consciência de certo *luxo espiritual* e a verificação e a conversão de uma sempre possível *luxúria espiritual* acompanharam o caminho de Etty Hillesum até ao fim, e, embora em relação a esta jovem mulher morta em Auschwitz possamos dizer que o seu caminho era autêntico, talvez não possamos dizer o mesmo de nós mesmos. Com efeito, em que medida seremos capazes, por nossa vez, de perseguir e prosseguir os nossos caminhos sem nos deixarmos desanimar pela alteração das condições exteriores e, talvez ainda mais dificilmente, das mutantes condições interiores? Para Etty Hillesum, a prova de que entrou em contato com o mistério de Deus e de que teve acesso a certa comunhão com a transcendência mede-se pela capacidade de se manter em contato com a humanidade e com a sua dor. A dor, quando toca concretamente a vida das pessoas, também pode revelar os seus aspectos mais sombrios. Fiel à sua opção por *estar presente*, Etty Hillesum não se escandaliza, pelo contrário, metaboliza:

> A dor sempre reivindicou o seu lugar e os seus direitos, de uma forma ou de outra. O que conta é a forma como a suportamos, ou se somos capazes de integrá-la na nossa vida e, ao mesmo tempo, de aceitar de igual modo a vida. [...] Dentro em breve

---

[63] Ibid., p. 587.

serei colocada perante as consequências extremas [...] eu sei tudo, tudo, a cada momento; por vezes, tenho de baixar a cabeça sob o grande peso que tenho sobre a nuca, e agora sinto necessidade de juntar as mãos, como que num gesto automático, assim poderei ficar sentada durante horas a fio – eu sei tudo, sou capaz de suportar tudo, cada vez melhor, e ao mesmo tempo estou certa que a vida é maravilhosa, digna de ser vivida e rica de sentido. Isso não significa que não me encontre sempre no estado de espírito mais elevado e cheia de fé. Podemos estar cansados como cães, depois de ter feito uma longa caminhada ou de ter estado numa longa fila, mas também isso faz parte da vida, *e dentro de ti há qualquer coisa que nunca mais te abandonará*.[64]

Ali onde a eleição de Israel se transformava em destruição sistemática, Etty soube conservar a consciência de uma eleição, não de raça nem de religião, mas uma eleição de relação com o divino através da dor humana: "Se toda esta dor não alargar os nossos horizontes e não nos tornar mais humanos, libertando-nos das mesquinharias e das coisas supérfluas desta vida, terá sido inútil".[65] Essa relação, através dos gemidos da dor humana, abre Hillesum a uma consciência da eleição como consciência mais profunda da sua responsabilidade ante a missão de humanizar a humanidade. Esta, pela sua natureza, é tão inclusiva e universal que não pode excluir sequer o próprio inimigo e o perseguidor:

---

[64] Ibid., pp. 673-674.
[65] Ibid., p. 732.

No entanto, sou uma dentre os teus eleitos, meu Deus, porque me concedes participar tanto desta vida, e porque me tens dado força suficiente para suportar tudo isto. E porque o meu coração, por seu lado, também é capaz de suportar sentimentos tão fortes e intensos. Esta noite, às duas horas, quando finalmente subi e me ajoelhei no meio do quarto do Dicky, quase nua e com toda a agilidade, disse de repente: neste dia e nesta noite vivi certamente coisas grandes, meu Deus, agradeço-te por ser capaz de suportar tudo e por tu deixares que tão poucas coisas passem a meu lado sem me tocar.[66]

O fruto do tempo passado na quietude da solidão e junto à amada escrivaninha, na companhia de escritores e poetas, cria uma sensibilidade mais profunda ante tudo e todos. Uma sensibilidade ante as coisas maravilhosas que vão desde alguns botões de rosa a uma sinfonia, a um pôr do sol, mas que se torna sensibilidade requintada quando se trata da dor humana, fazendo-a como que mergulhar "num estranho estado de dolorosa felicidade".[67] Talvez nos pareça bastante estranho que possa existir uma felicidade dolorosa; contudo, nesse oximoro existencial podemos apreender a maturidade de uma mulher que, atravessando o próprio coração, sabe reconhecer e acolher cada dor sem ceder à banalidade nem à brutalidade em que o sofrimento pode ser engolido. A gratidão pela beleza parece ser o seu baluarte:

---

[66] Ibid., p. 725.
[67] E. HILLESUM, *Lettere 1941-1943*, p. 91.

No entanto, sou-te muito grata por não me teres permitido ficar sentada nesta tranquila escrivaninha, mas teres-me levado para o meio da dor e das preocupações desta época. Um idílio contigo num quarto de estudo bem protegido não seria assim tão difícil; agora, ao contrário, é importante que eu te leve comigo, intacto, através de todas essas vicissitudes, e que permaneça fiel a ti, como sempre te prometi.[68]

A oração cria uma consciência interior crescente, fruto de uma grande atenção tanto à própria vida íntima como às vicissitudes das circunstâncias reais. O contato com a vida interior imprime o modo de Etty Hillesum se relacionar com o mundo que a rodeia um estilo que poderia ser definido como comunhão no seu duplo aspecto de solidariedade generosa nunca separada de um sereno distanciamento: "até nos acharmos por fim adultos, talvez capazes de estar próximos dos outros mortais que povoam esta terra entre mil dificuldades".[69] Etty revela-se tão capaz de carregar o duplo peso de si própria e do mundo como um verdadeiro "jugo suave" (Mt 11,30), a que ela preferiria chamar a pequena trouxa da qual nunca se atreveria a separar-se:

> Um dia muito pesado. Porém, a cada momento, sei reencontrar a mim própria numa oração – e rezar será sempre possível para mim, mesmo no espaço mais restrito. E ato-o cada vez melhor às costas, como se fosse uma pequena trouxa, transportando-o

---

[68] Id. *Diario 1941-1943*, pp. 727-728.
[69] Ibid., p. 44.

cada vez mais como coisa minha, aquele pedacinho de destino que sou capaz de suportar: com essa pequena trouxa, já posso palmilhar os caminhos.[70]

O coração de Etty Hillesum é cada vez mais habitado por dois desejos absolutos e complementares: o da solidão e da calma – onde possa cultivar, serena e largamente, a própria busca interior – e o de viajar no meio dos homens e das suas histórias, para se tornar sua "cronista" fiel. Imagina-se lançada até à imensa Rússia, numa viagem ininterrupta,[71] para descobrir e fotografar, através da sua intuição interior, a geografia dos infindáveis territórios das almas. Esses dois desejos – de calma e de caminho – na realidade, são cada vez mais um único desejo, que se transforma naquele "grande Desejo" de que já falamos. O desejo à volta do qual se unificam todos os desejos é o de estar completamente no próprio lugar até o fundo, numa espécie de recolhimento habitual. Esse recolhimento abre-se, com toda a naturalidade, à intercessão como acolhimento, nas profundezas do próprio ser, da existência do outro em toda a sua alteridade. Por vezes essa alteridade é dramaticamente difícil de integrar, sobretudo quando assume o rosto do perseguidor que nos tenta aniquilar:

---

[70] Ibid., pp. 706-707.
[71] Ibid., p. 650.

107

Percebi de imediato que esta noite teria de rezar também por aquele soldado alemão. Um dentre tantos uniformes agora tem um rosto. Haverá ainda outros rostos nos quais poderemos ler e entender alguma coisa. E este soldado também sofre. Não há fronteiras entre os homens sofredores, sofre-se de um lado e de outro, e devemos rezar por todos.[72]

Portanto, essa oração cria uma comunhão cada vez mais vasta. A intercessão como forma extrema de comunhão tem por base, precisamente, a necessidade e o desejo de rezar pelas pessoas amadas e que nos amam, e concretiza-se de modo fortíssimo quando escreve, ao pensar no amigo moribundo: "O meu ser está-se transformando numa única e grande oração por ele". Esta terna constatação produz de imediato uma pergunta muito severa: "E por que razão só por ele? Porque não também pelos outros?".[73]

É muito significativo sublinhar como esta jovem mulher, que parece avançar velozmente no seu caminho espiritual, não reza porque alguém a ensinou ou porque alguém ou alguma convenção a fizeram sentir esse dever. A sua oração e a sua intercessão são frutos de um amor que se aprende a conhecer e a aceitar, e que se torna lei para si próprio, exigindo horizontes de presença e de dom cada vez mais vastos, com uma naturalidade que Etty aprendeu contemplando a natureza: "Sim, é verdade, na natureza há leis mui-

---

[72] Ibid., p. 680.
[73] Ibid., p. 694.

to compassivas, desde que se mantenha vivo o sentido desse ritmo".[74] A oração como lugar e como estilo de comunhão radical e sempre possível – tanto com o amigo quanto com o inimigo – transforma-se no ritmo da sua vida. Portanto, é com esse ritmo que tudo na sua vida se (con-)forma de um modo completamente natural e vital:

> Quando rezo, nunca rezo por mim mesma, rezo sempre pelos outros [...]. Também me parece infantil rezar para que outra pessoa esteja bem: por outra pessoa só se pode rezar pedindo que consiga suportar as dificuldades da vida. E quando se reza por alguém, envia-se-lhe um pouco da nossa própria força.[75]

A oração cria uma comunhão de forças, aproxima, numa sinergia que está sempre aberta a receber aquilo que se dá, a ponto de Hillesum concluir algumas das suas cartas com estas palavras: "Reza um poquinho por nós".[76] Quando Etty pede para ser recordada na oração, o faz em comunhão com todos aqueles com os quais está partilhando um tempo difícil. Assim, precisamente através da comunhão garantida pela sinergia do fluxo da oração que transcende épocas e espaços sem os aniquilar, pede, por sua vez, para poder comungar da vida – inclusive da dor dos outros –, a fim de buscar força e coragem, comungando da vida e da dor dos

---

[74] E. HILLESUM, *Lettere 1941-1943*, p. 105.
[75] Id. *Diario 1941-1943*, pp. 721-722.
[76] Id. *Lettere 1941-1943*, pp. 82.84.

seus amigos. Tudo isso acontece sobretudo quando a oração se torna difícil no trágico contexto de um campo de transição a caminho das câmaras de gás:

> As minhas orações não são como deveriam. Eu bem sei que é necessário rezar pelos outros, para que encontrem a força necessária para suportar tudo. Em vez disso, digo sempre: Senhor, faz com que dure o menos possível. E assim fico paralisada em todas as minhas ações. Por um lado, gostaria de preparar as suas bagagens da melhor forma possível, por outro, sei que lhas arrebatarão – disso estamos cada vez mais certos –, portanto, porque hão de arrastar atrás de si todo aquele peso?[77]

Nestas últimas linhas, extraídas de uma carta de Etty Hillesum, lê-se claramente a dificuldade que ela tinha em ser fiel a si mesma e ao seu próprio ritmo e desejo interior, enquanto, sob os seus olhos, se consuma um "inferno", em comparação com o qual o inferno de Dante não passa de "uma frívola opereta".[78] Etty, porém, consegue não perder aquele mínimo de sentido de humor necessário à sanidade mental, a ponto de transformar em oração o seu próprio desespero perante o comportamento absurdo dos seus colegas: "Meu Deus, só te peço que eu não acabe no mesmo campo que os meus colegas".[79] Pela sequência da história podemos

---

[77] Ibid., p. 722.
[78] E. HILLESUM, *Diario 1941-1943*, p. 733.
[79] Ibid.

imaginar que Etty Hillesum terá – ou teria! – encontrado certamente a maneira de partilhar a vida do campo com aqueles colegas cuja forma de reação ao drama lhe parece tão despropositada.

O humano como confiança

Pode parecer estranho repercorrer o itinerário de Etty Hillesum – que não era cristã e que certamente nunca pensaria ser considerada uma mística; no entanto, essa é uma forma de descer às raízes da espiritualidade como abertura necessária à transcendência de cada coração humano. Cada aventura humana é um *document humain* – assim é definida a própria Etty[80] pelo punho de um soldado alemão –, de tal modo que a vida que se revela através do testemunho dos escritos de Etty demonstra uma raiz mística de indubitável autenticidade. A partir do fruto do seu testemunho que, ano a ano, se revela cada vez mais à altura do seu desejo extremo de ser "um bálsamo para muitas feridas",[81] bem como um "pão" oferecido para matar muitas formas de fome, não podemos deixar de nos interrogar. A experiência mística de Etty Hillesum põe a nu, por assim dizer, precisamente sob os olhos do nosso coração de crentes e de discípulos, o imprescindível da nossa experiência de fé e da nossa vida de oração: a fé em Deus como confiança na humanidade, de tal

---

[80] Ibid., p. 700.
[81] Ibid., p. 797.

modo que "o próprio coração se deve *alargar* continuamente para nele haver espaço para muitos. [...] Isso exige muita força e uma grande dose de amor".[82]

Como crentes no Deus revelado em Jesus de Nazaré, por nós reconhecido como Messias e Senhor, não podemos deixar de sentir uma profunda sintonia com esta experiência espiritual que, apesar do seu carácter complexo e por vezes discutível e imperfeito, nos remete para aquilo que é radical – no sentido de situado ao nível das raízes – para poder esperar um processo de conversão segundo o Evangelho. Ninguém reza por si próprio, se já deixou de viver para si mesmo. Assim, a oração é uma experiência e uma escola de amor que se transforma em pão de presença, de partilha, de compaixão. Nessa escola, a cruz é a grande cátedra, e precisamente porque "o homem ocidental não aceita a *dor* como parte desta vida: por isso, nunca consegue extrair dela forças positivas".[83] Talvez precisamente por isso a oração se faça simbólica e existencialmente na direção do Oriente, para manifestar essa esperança invencível e necessária de acreditar que a cada noite se seguirá o nascer de um novo dia, e que cada situação de trevas será capaz de dar à luz a própria luz.

Só a aceitação da dor em toda a sua variedade, que abrange até a dor de ser aquilo que somos, pode abrir-nos à

---

[82] Ibid., p. 108.
[83] Ibid., p. 718.

cura e à iluminação exigidas por um processo de autêntico discernimento. Nós somos chamados a dedicar cada instante da nossa existência a esse discernimento do grau de fé-confiança a exemplo de Etty Hillesum, cuja fé e cuja confiança foram pagas com alto preço: "Caminhando pelas ruas, tenho muito que refletir sobre o teu mundo: *refletir* não é a palavra certa, é antes uma tentativa de aprofundar as coisas com um novo órgão ou sentido. [...] De qualquer modo, sigo o meu caminho interior, que se vai tornando cada vez mais simples e que é pavimentado de benevolência e confiança".[84] Benevolência e confiança são os sinais característicos de todos os homens e mulheres que procuram a Verdade sem nunca a identificar com as próprias conquistas intelectuais e espirituais. Por isso, benevolência e confiança devem estar presentes numa medida ainda maior na vida dos cristãos, se quisermos ser reconhecidos como tais. Segundo este ponto de vista, a grande lição da (*des-*)*preocupação/amerimnia* é algo que não deve escapar ao nosso empenho espiritual. Talvez não tenhamos aprendido bem a lição que Etty Hillesum, ao contrário, aprendeu tão bem, embora os bancos dessa escola lhe parecessem, na realidade, tremendamente altos:[85]

---

[84] Ibid., p. 728.
[85] Ibid., p. 773.

Ainda fui a tempo de aprender a grande lição de Mateus (6,24)* com um amigo inesquecível, por cuja morte continuo a dar graças todos os dias: "Não vos preocupeis, portanto, com o dia de amanhã, pois o dia de amanhã já terá as suas preocupações. Basta a cada dia o seu trabalho". É esta a única atitude com que se pode enfrentar a vida aqui. E assim todas as noites, com certa paz espiritual, deponho as minhas muitas preocupações terrenas aos pés do próprio Deus.[86]

Normalmente, o sinal desta liberdade interior é uma confiança absoluta no sentido preciso do seu ser incondicional. Etty exprime-se com grande reconhecimento simples e claro ao mesmo tempo: "porque me concedeste uma vida assim".[87] Enquanto o caminho interior de Etty Hillesum avança a velas soltas, sulcando as ondas magníficas de uma vida cada vez mais autêntica, porque capaz de englobar as suas cristas mais vertiginosas e os seus abismos mais assustadores, temos a impressão de que todos os medos que marcam a primeira parte do seu *Diário* estão profundamente sanados. Aquele sentimento de vergonha[88] que caracteriza as primeiras páginas dos seus cadernos transforma-se, gradualmente, num elevado sentimento de dignidade e de profunda serenidade. O jogo de empurra de ter de ser ou de ter

---

* Mt 6,34 [*N. do A.*].
[86] E. HILLESUM, *Lettere 1941-1943*, p. 116.
[87] Id. *Diario 1941-1943*, p. 796.
[88] Ibid., p. 52.

de fazer dá lugar à serenidade de quem assume a própria realidade, dando o seu contributo à história com realismo e em paz, aceitando a lógica do possível sem se deixar petrificar por um heroísmo massacrante. Então o diálogo torna-se fluido e pacífico:

Tornaste-me tão rica, meu Deus! Deixa-me também repartir aos outros às mãos cheias. A minha vida tornou-se um colóquio ininterrupto contigo, meu Deus, um único grande colóquio. Às vezes, quando estou num pequeno recanto do campo, com os meus pés bem assentes na terra, os meus olhos fixos no céu, as lágrimas inundam-me o rosto, lágrimas que brotam de uma profunda emoção e reconhecimento em busca de um caminho de saída. Também de noite, quando estou deitada na minha cama e repouso em ti, meu Deus, lágrimas de reconhecimento correm-me pelo rosto e essa é a minha oração. Há já vários dias que estou muito, muito cansada, mas também isto passará. Tudo acontece a um ritmo mais profundo que se deveria ensinar a escutar; é a coisa mais importante que se pode aprender nesta vida. Eu não combato contra ti, meu Deus, toda a minha vida é um grande colóquio contigo. Talvez nunca venha a ser uma grande artista, como no fundo gostaria, mas já me sinto extremamente segura em ti, meu Deus. Às vezes, gostava de gravar pequenas máximas e histórias apaixonadas, mas imediatamente deparo com uma única palavra, Deus, e essa palavra contém tudo e então já não preciso dizer essas outras coisas. A minha força criativa traduz-se em colóquios interiores contigo, e as ondas do meu coração, aqui, tornaram-se mais longas, agitadas e, ao mesmo tempo, tranquilas, e parece-me que a minha riqueza interior continua crescendo.[89]

A fim de usar a mesma lógica que conquistou a vida de Etty, tornando-a uma centelha luminosa na escuridão de breu da *Shoah*, torna-se cada vez mais necessário alimentar a nossa vida interior como se faz com as raízes de uma grande árvore, para que esta possa dar sombra, fruto e abrigo (Mt 13,32). Nesse sentido, não devemos esquecer que o primeiro abrigo e reconforto que podemos oferecer é, precisamente, o de darmos, em nós próprios, hospitalidade a Deus e ao Humano, de tal modo que se possam conhecer e amar. Floresça também nos nossos lábios, elevando-se diretamente do nosso coração, o desejo deste jovem coração que tem milênios de história interior. Trata-se do desejo de cada um de nós, para glória de Deus e salvação da Humanidade, em que a fé no Altíssimo se concretiza numa serena e sorridente confiança em todos os irmãos e irmãs em humanidade, a ponto de partilhar o mesmo arrebatamento de Etty, dirigindo-o, pela nossa parte, a todos aqueles que percorrem os nossos caminhos humanos:

> Vamos, deixai-me ser um pedacinho da vossa alma! Deixai-me ser o barracão onde se recolhe a melhor parte que existe certamente em cada um de vós. Eu não preciso fazer assim tanto, quero apenas estar presente. Deixai-me ser a alma deste corpo.

---

[89] E. HILLESUM. *Lettere 1941-1943*, p. 129-130.

E, mais cedo ou mais tarde, encontrarão em cada um deles um gesto ou um olhar mais nobre, do qual, segundo me parece, mal tinham consciência. E eu sentia-me sua guardiã.[90]

Palavras-pérolas

Honestamente

Poderíamos recolher outra pérola do fundo do oceano da alma de Etty Hillesum, onde jazem e estão guardados alguns tesouros imprescindíveis da nossa humanidade. No meio da fúria nazista, quando a tendência de alguns é fechar os olhos diante de um horror demasiado difícil de suportar, Etty faz uma escolha à qual se manterá fiel até o fim, pelo menos até a sua partida de Westerbork e, apraz-nos imaginar, até o limiar da câmara de gás. Esta jovem mulher, cheia de vitalidade e sedenta de vida, escreve assim:

> Experimentei olhar no rosto a "dor" da humanidade, corajosa e honestamente, enfrentei essa dor, ou antes, algo o fez dentro de mim mesma, muitas interrogações desesperadas encontraram resposta, o absurdo total deu lugar a um pouco mais de ordem e de coerência: agora posso seguir novamente em frente... sinto-me como um pequeno campo de batalha onde os problemas – ou, pelo menos, alguns problemas do nosso tempo – se combatem.[91]

---

[90] Id. *Diario 1941-1943*, p. 754.
[91] Ibid., p. 113.

Trata-se de um advérbio que me parece bastante necessário na nossa vida, na nossa missão de estar presentes na história. Etty diz *honestamente!* Empenha-se assim em viver de olhos abertos para olhar, acolher, integrar corajosamente a dor. Como explica Aristóteles, a coragem não tem nada a ver com a temeridade, e podemos dizer que a honestidade que esta jovem mulher tenta cultivar é um ato de verdade em relação a si própria e à história que está vivendo. Assim argumentava Aristóteles:

> O Corajoso é um homem a quem nada consegue abater, na medida das possibilidades humanas. Poderá, certamente, sentir-se assustado, mas manter-se-á firme como deveria e como a razão lhe impõe; na previsão do Belo. Porque o objetivo final da virtude é o Belo. Assim, o Corajoso é uma coisa bela. É pelo Belo que o Corajoso resiste e desempenha todos aqueles atos que consagram a sua virtude.[92]

A coragem não nos impede de passar pelo medo, ou, antes, não há coragem sem experiência de temor e, por vezes, de terror; como também não há honestidade possível sem a capacidade de olhar para as coisas com toda a verdade, mesmo quando se corre o risco de que esta nos esmague com o peso das suas exigências. Este advérbio usado por Etty, ou melhor, escolhido por Hillesum – *honestamente* –, exige-nos outro pequeno exame de consciência. É ela pró-

---

[92] ARISTÓTELES, *Ética a Nicômaco*, São Paulo, Martin Claret, 2016.

pria quem, pensando na sua vida, nos seus grandes ideais, nos seus grandes projetos, se dá conta de que, na realidade, na sua vida há o perigo de que surjam muitos "palavrões", palavras demasiado grandes, e talvez também seja assim na nossa vida, pensando de modo especial em alguns temas que consideramos tão importantes, necessários e talvez até tão urgentes que, por vezes, corremos o risco de ceder ao fascínio das grandes palavras que depois, na realidade, não aprofundam no nosso coração aquelas grandes exigências que são as únicas capazes de permitir às palavras que se tornem tecelãs de vida, de vida verdadeira. Etty Hillesum recorda-nos que, para hospedar a história da humanidade, não basta simplesmente abrir a porta.

Na realidade, é necessário aceitar que, em contato com a experiência, a humanidade dos nossos irmãos e irmãs, a nossa própria humanidade, se transforme num campo de batalha ao qual não nos possamos e, sob certos aspectos, não nos queiramos subtrair, mas assim realmente acolher. (Para Etty foi um longo caminho chegar a ser honesta consigo mesma, e não se deu de forma automática.) E isso não só quando nos sentimos capazes, mas também quando descobrimos que somos terrivelmente inaptos. Por isso: "Também há que aceitar os momentos não criativos; quanto mais os aceitarmos honestamente, mais depressa eles passam".[93]
Assim, é-nos revelado como a honestidade é o modo mais

---

[93] E. HILLESUM, *Diario 1941-1943*, p. 796.

adequado para enfrentar a dura realidade sem nos deixarmos esmagar interiormente, mesmo que, na prática, sejamos aniquilados por ela.

No *Diário* encontramos o testemunho de um trabalho – de uma verdadeira luta – contra a tendência de nos sobrevalorizarmos no sentido de nos *vangloriarmos*. Depois de contar, no seu *Diário*, uma pequena história *zen* sobre determinado escultor, Etty conclui assim: "Poder-se-ia resumir, portanto, esta história dizendo que, *quem quer que empreenda um trabalho importante, deve esquecer-se de si próprio*".[94] À medida que o seu caminho interior vai avançando, somos levados a sentir o desejo de imitar essa consciência crescente que permite a Etty Hillesum ser honesta em relação a si própria, tornando-se sabedoria em relação à história.

Para nós, muitas vezes, é mais fácil querer ser sábios na interpretação da história, dos acontecimentos, das situações; contudo, na nossa vida também se podem criar situações imprevistas e particularmente dolorosas que, para serem enfrentadas, requerem uma sabedoria tanto mais verdadeira quanto mais se enraizar num terreno de honestidade. Normalmente aquilo que vemos e, sob certos aspectos, que também julgamos como inadequado fora de nós, na realidade, habita-nos; portanto, a honestidade requer que, para acolher a dor da humanidade, aprendamos primeiro que tudo a fazer um certo

---

[94] Ibid., p. 40.

vazio na nossa vida para haver espaço para aquilo que sobrevém e que, às vezes, nos surpreende.

Por vezes, queremos hospedar a dor, mas na realidade sem nos deixarmos incomodar, deixando tudo como está. Ao contrário, a experiência que mais tarde se transforma na mensagem de Etty soa como uma *chamada às armas* contra a superficialidade. Cada vez que uma palavra nos habita, cada vez que uma palavra, uma exigência, um desejo nos domina, não pode deixar de exigir a honestidade de fazermos um pouco de vazio para dar espaço àquilo que pede um pouco mais de atenção na nossa vida. Isso só se pode fazer *honestamente*, o que implica acolher também a batalha de dar o nome verdadeiro às situações, às realidades, aos medos que também habitam, seguramente, o nosso próprio coração. Só assim podem ser enfrentados.

Casa

É a própria Etty que, referindo-se à vida das pessoas como tantas casas vazias, a indica como uma "metáfora não muito sutil".[95] A metáfora, porém, é sutilíssima, e quase se poderia dizer que é uma metáfora que corta e penetra. O pôr-se a caminho através das casas dos homens, das casas da humanidade que correm o risco de estar vazias, transforma-se, para Etty Hillesum, na capacidade e na vontade de desmascarar esse vazio; na realidade, não existem casas

---

[95] Ibid., p. 757.

vazias, não existem pessoas vazias, desde que se tenha um olhar capaz de atravessar as aparências vazias para apreender presenças sutis. Na realidade, o sentimento de vazio é a nossa impressão superficial, e isso porque, na maioria dos casos, nos sentimos muito cheios das nossas aparências e, não raramente, somos oprimidos pelas nossas desilusões, a ponto de não vermos mais nada além da nossa amargura. Acontece precisamente o mesmo aos dois discípulos que, no caminho para Emaús, falaram com Jesus sem o reconhecer, a não ser quando ele desapareceu.

A metáfora da casa, de uma casa hospitaleira, ilustra de forma magnífica o caminho de Etty e a sua transformação num lugar de hospitalidade absoluta e universal. Precisamente ela, tão obcecada pelo medo, que perdia tempo só para preencher os dias e as noites com mil coisas em que pensar, sentir e fazer. No entanto, num dado ponto do seu percurso humano, Hillesum apercebe-se de que hospedar a nós mesmos para hospedar Deus, ser uma casa "com a porta aberta" onde os outros se possam sentir não só hospedados, mas até serenamente em sua casa, exige uma estrutura de repouso e de calma que está completamente por construir e quase por conquistar. Estamos doentes, não doentes de ativismo – que é uma palavra bastante usada –, mas doentes do medo de estarmos tranquilos, que nos faz viver continuamente numa inquietação tão agitada que já não conhecemos o calor de uma casa, a serenidade de um recanto de intimidade onde podemos, terna e calorosamente, hospedar a nós mesmos e a quem quer que atravesse o limiar do nosso abraço humano.

Etty Hillesum aprende a usufruir do fato de dar hospitalidade à própria fonte de unidade e sente precisamente isso como o maior serviço de humanização e, por conseguinte, como o percurso mais certo para uma divinização encarnada. Essa lâmina sutil da palavra de Etty Hillesum encontra-se nas palavras do seu amado poeta Rilke, do qual cita, precisamente neste ponto do seu *Diário*, uma enésima passagem: "Porque, na verdade, a própria grandeza dos deuses depende da sua precariedade, do fato de que, qualquer que seja a morada em que eles se abriguem, só ficarão em segurança nos nossos corações".[96] Desse modo, corta-se pela raiz toda ânsia de prestação contínua que nos faz tanto mal, a ponto de fazer mal quando pensamos estar fazendo o bem.

Com efeito, há sempre o risco de que o bem pelo qual nos fazemos responsáveis possa ser, na realidade, uma forma de nos sentirmos vivos, e não um modo autêntico de acolher a vida dos outros, que pode ser muito diferente da nossa, aceitando visitar as suas casas com respeito e devoção, como se faz quando se entra num templo: na ponta dos pés, de pés descalços! Visitar a casa dos outros e oferecê-las como morada ao Altíssimo exige a renúncia de julgar a vida dos nossos irmãos e irmãs em humanidade. Precisamos apren-

---

[96] Ibid.

der a deixar-nos acolher sem a necessidade de dar necessariamente alguma coisa de que talvez os outros não tenham a mínima necessidade, e rejeitando de forma radical toda forma de ocupação de espaços que por vezes assume os contornos de uma colonização, inclusive religiosa, dos corações e das mentes.

Etty Hillesum, ao contrário, fundamentalmente se dá conta de que deve exercitar um grande discernimento que se transforma na sabedoria de não pensar na existência do vazio: é uma imagem que ela conhece porque Spier a põe para ler Santo Agostinho. Muitos de vocês conhecerão esta belíssima imagem agostiniana: o abismo que invoca o abismo, e não há um vazio, há uma plenitude na ausência de coisas que o preencham, e penso que esta exortação ao repouso, a uma atitude contemplativa, que não é uma contemplação no sentido de abstração ou de mistificação da realidade, se torna gratidão pela vida e certeza de que a vida já é plena; portanto, se eu posso dar alguma coisa a alguém, é porque essa pessoa já a tem. Ninguém pode dar Deus a ninguém, porque o Altíssimo sempre viveu nos corações. Também nos devemos libertar dessa angústia de ter de anunciar o que não conhecemos bem, mas aprender profundamente a viver esse repouso mútuo, dar-nos o tempo, a possibilidade e a alegria de dizer o quanto o Senhor já habita a vida de cada um.

Isso se torna também uma forma muito mais serena, menos angustiante e ansiosa de viver. Repousar internamente para fazer com que o interior de cada um possa se transformar na alegria de todos. Entretanto, devemos reconhecer que temos a terrível tentação de preencher o vazio. Em algumas passagens, Etty mostra-se impressionada e atraída por algumas gravuras japonesas, sendo tocada pela sua pureza formal e pela sua estrutura essencial e linear. Enquanto Hillesum aprende a mover-se com discrição e amor pelas vidas dos outros, como se fossem casas cuja porta se abre ao seu coração, não pode deixar de exultar por uma única coisa: "Dou-te graças por este dom de poder ler nos outros".[97]

Charneca

Antes de passar à conclusão destas páginas e de terminar a homenagem à memória de Etty Hillesum, passados mais de setenta anos da sua morte, gostaria de evocar uma palavra carregada de emoções e que se repete muitas vezes, tanto no *Diário* como nas *Cartas*: *charneca*. Etty Hillesum anota assim: "Quantas paisagens alberga este campo na charneca de Drenthe! Creio que o mundo é bonito em toda parte, inclusive nos lugares que nos manuais de geografia são descritos como desolados, áridos e monótonos".[98] Gostaria de partilhar com o leitor, que me seguiu até este ponto, as recordações da minha passagem por Westerbork, definido por Etty

---
[97] Ibid., p. 757.
[98] E. HILLESUM, *Lettere 1941-1943*, p. 131.

Hillesum como um *inferno*,[99] que esta jovem mulher tentou mitigar com o *bálsamo* do paraíso reencontrado da cura e da extrema compaixão. Estive em Westerbork, num gélido dia de janeiro de 2003, e esperava, ao chegar a este campo, ter sensações muito fortes, e diria, até, bastante violentas. Na realidade, porém, em Westerbork senti exatamente aquilo que Etty Hillesum escreve nas suas *Cartas*.

Esse campo – que não era um campo de extermínio, mas de transição – consegue transmitir a experiência testificada por Etty: guarda a memória muito forte de um grande sofrimento, mas transmite também a memória de um amor igualmente grande, que se respira através da delicadeza do ambiente e do modo como foram conservadas as recordações do campo. Westerbork está organizado como uma espécie de sala com muitas gavetas, e todos, inclusive as crianças, abrindo essas gavetas, descobrem várias coisas: um objeto, uma fotografia, um filme. Cada um, quase sem perceber, recolhe-se nessa busca pessoal, e a atmosfera é tão silenciosa quanto leve. Pode-se sentir, assim, um grande silêncio que permite entrar em contato com esse drama sem que o mesmo transmita nenhuma sensação de agressividade. O símbolo mais forte de Westerbork são dois trilhos partidos e levantados, mostrando que, daqui para a frente, já não se pode continuar a viajar no comboio do ódio que humilha e mata. Parece, precisamente, que a experiência de Etty, e

---

[99] Ibid., p. 138.

talvez também de tantas outras pessoas que não conheçamos, deixou uma marca de doçura no meio de tão grande amargura: embora tenham sido aniquiladas, não foram apagadas da memória da história. Recordo que naquele dia, à tarde, em determinado ponto desta charneca onde já se percebe, ao longe, o vento que vem do mar, senti precisamente no meu coração a possibilidade de que o paradoxo seja realmente habitado e que, de certo modo, se possa tornar até um lugar de salvação: "no meio da charneca onde foram deitados por terra tantos destinos humanos".[100]

Evocar a salvação não significa negar a dureza! Etty Hillesum nunca nega a dureza das condições desumanas daquela charneca que alberga o campo; contudo, não esquece que também sobre aquele pedaço de terra dura resplandece o sol, brinca a lua, estende-se o céu, as flores continuam a germinar e as gaivotas, a voar. Na charneca de Westerbok pude sentir fortemente a verdade daquela distinção, que é como um selo de toda a experiência humana e espiritual de Etty Hillesum: "temperada, mas não endurecida".[101] Enquanto o sol se punha, de um lado, e a lua subia do outro, confundindo-se, iluminando mais a terra coberta de neve, senti aquele abraço entre o céu e a terra que sustentou a esperança e o amor de Etty Hillesum até o fim, até o extremo. Na charneca de Westerbork sente-se o dever de nos tornar-

---

[100] Ibid., pp. 28-29.
[101] E. HILLESUM, *Diario 1941-1943*, p. 744.

mos tenazes sem ser suficientemente resistentes, a ponto de tomar, como Etty Hillesum, decisões para o futuro mesmo quando é óbvio que não haverá amanhã algum:

> No futuro, quero visitar a todos, um por um, os homens que, aos milhares, acabaram naquele pedaço de charneca, passando pelas minhas mãos. E, se não os encontrar, encontrarei os seus túmulos. Já não poderei permanecer tranquilamente sentada à minha escrivaninha. Quero percorrer o mundo, ver com os meus olhos e ouvir com os meus ouvidos qual foi a sorte daqueles que fizemos partir.[102]

Poderíamos dizer que somos nós, hoje, que devemos coroar este desejo de Etty Hillesum, de visitar e de amar, procurando, por nossa vez, reconhecer cada *charneca* dos nossos dias onde a dor e a humilhação de tantos homens e mulheres esperam o bálsamo de um olhar ao menos capaz de compreender e de reconhecer. Nos nossos grandes privilégios, devemos recordar que temos um dever: deixar um espaço, criar um espaço, para que a nossa humanidade, o nosso processo de humanização, se torne cada vez mais autêntico, de modo a preparar também os tempos mais difíceis. Talvez não tenhamos tanta vontade de ouvir dizer isto. Há uma mensagem muito forte de Etty: ela chega a esse resultado tão luminoso no meio de trevas imensas porque teve a lucidez de se preparar para aqueles tempos difíceis.

---

[102] Ibid., pp. 784-785.

Também para nós é tempo de começarmos a nos preparar para momentos mais difíceis em que manifestaremos quem somos de verdade: pessoas que só querem se salvar ou pessoas que irão, com todas as forças, querer que todos nos salvemos juntos, fazendo do nosso mundo – e isso nunca foi tão possível como hoje – uma casa verdadeiramente hospitaleira para todos, tornando o mundo inteiro uma charneca em que todos se acompanhem e se apoiem. Desse modo, talvez também possamos escrever, com palavras nossas, aquilo que Etty Hillesum escreveu a Maria Tuinzing, a 2 de setembro de 1943, apenas cinco dias antes da sua inesperada deportação: "Como éramos jovens apenas há um ano nesta charneca, Maria! Agora somos um pouquinho mais velhos".[103]

---

[103] E. HILLESUM, *Lettere 1941-1943*, p. 153.

Conclusão
A outra Ester

O mal exigente

No seu *Diálogo noturno* – escrito a 13 de junho de 1941 –, Edith Stein pensa na rainha Ester e escreve, na situação cada vez mais inquietante da sua época: "Hoje, um novo Haman, com ódio amargo, a matança do teu povo jurou: será por isso que Ester regressou?".[1] Precisamente a menos de vinte e quatro horas de distância, uma outra Ester – Etty Hillesum –, a 14 de junho de 1941, às sete da noite, por sua vez, descreve o quadro preciso, em prosa, daquilo a que Teresa Benedita da Cruz se refere em rima:

> Novas detenções, terror, campos de concentração, sequestros de pais, irmãs e irmãos. As pessoas interrogam-se sobre o sentido da vida, interrogam-se sobre se esta terá ainda algum sentido: mas para sabê-lo há que refletir exclusivamente com nós

---

[1] E. ANCILLI (coord.), *Edith Stein*, O.C.D., Roma, 1987, p. 158.

mesmos e com Deus. Talvez cada vida tenha precisamente um sentido, talvez seja necessária uma vida inteira para chegar a encontrá-lo. De qualquer modo, eu perdi qualquer relação com a vida e com as coisas, parece-me que tudo acontece por acaso e que nos devemos desapegar interiormente de cada coisa e pessoa. Tudo parece tão ameaçador e sinistro, e sentimo-nos tão impotentes.[2]

A própria Etty, no dia seguinte de manhã – domingo, 15 de junho, por volta do meio-dia –, afirma: "Não somos mais do que barris vazios onde é enxaguada a história do mundo. Ou tudo é casual, ou nada o é. Se eu acreditasse na primeira afirmação, não poderia viver, mas ainda não estou convencida da segunda".[3] O mal é uma realidade profundamente exigente! A experiência bíblica de Ester – de cujo nome Etty é o diminutivo – é um ícone de como o mal costuma ser absurdo, mas muitas vezes toca as raias do êxito, como no caso de Haman, no relato bíblico, e do nazismo, na história da Europa. A exigência do mal manifesta-se como ocasião de revelar a nossa capacidade de resistir não só à sua violência, mas também ao seu fascínio sutil, que corre o risco de enganar a mente a ponto de turvar o coração. Uma das coisas mais tocantes nas palavras de Etty Hillesum é o que poderíamos definir como a compreensão do inimigo, porque se entende que, quando não se resiste ao mal e não se

---

[2] E. HILLESUM, *Diario 1941-1943*, p. 111.
[3] Ibid., p. 111.

consegue ou não se quer metabolizar a dor, muito – ou, antes, demasiado – facilmente nos tornamos perversos. Lendo o *documento humano* dos escritos de Etty Hillesum, podemos dizer que esta jovem mulher foi capaz de enfrentar, em primeiro lugar, o seu *pequeno mal*, e, precisamente, essa luta consigo mesma lhe permitiu compreender e reagir – a seu modo – ao mal que a rodeava. Como efeito, Etty anota de repente, com toda a clareza: "Aliás, a vida é um combate".[4] Esse combate começou consigo mesma, ao dar início à redação do seu *Diário*, no domingo, 9 de março de 1941, e o faz certamente sem qualquer entusiasmo: "Adiante, então! É um momento, penso, quase insustentável: devo confiar o meu espírito reprimido a uma estúpida folha de papel pautada".[5] Para Etty, ter de escrever um *Diário* é uma humilhação, logo após ter pedido ajuda a Spier, a quem agradece com uma carta "por todo o bem que já me fez".[6] O passo que muda a vida de Etty Hillesum é um passo de humilhação: a humilhação de bater à porta de Julius Spier para pedir ajuda, a humilhação de sentir a necessidade de manter um *Diário* dessa necessidade de ajuda.

Enzo Bianchi, no fim da apresentação na Convenção de 1999 sobre Hillesum, realizada em Bose, diz que Etty é uma pessoa que pode ajudar muito a "quem se reconhece ferido".

---

[4] Ibid., p. 72.
[5] Ibid., p. 30.
[6] Ibid.

No meu primeiro trabalho sobre Etty Hillesum,[7] quis usar como título um verso de Rilke[8] transcrito pela própria Etty no fim de uma longa citação: "Mesmo que não o queiramos, Deus amadurece".[9] Juntando as duas coisas, poderíamos dizer que "Deus amadurece em quem se reconhece ferido"! Talvez precisamente porque o próprio Deus seja essa ferida. Trata-se de acolher a terrível ferida de um Deus que permite o mal, ou, pelo menos, que não está em condições de impedi-lo. Esta talvez seja a maior prova, não só para o crente, mas até para quem se professa ateu ou indiferente. Quem conhece um pouco de mística cristã, judaica ou sufi, depara-se e choca-se continuamente com a realidade tocante dessa ferida aberta que se transforma, como diz de forma magnífica um autor espiritual contemporâneo, numa fresta, por vezes muitíssimo estreita, mas através da qual a luz consegue passar e iluminar.[10]

Portanto, podemos verdadeiramente dizer que, no fim do seu percurso interior, Etty Hillesum consegue vencer esse combate. Esse combate é uma Páscoa exigente que pede para passar "da cabeça ao coração",[11] permitindo-lhe olhar

---

[7] M. D. SEMERARO, *Etty Hillesum: Dio matura*, Molfetta, Meridiana, 2013, terceira edição revista e ampliada.

[8] R. M. RILKE, *Il Libro d'Ore*, vol. I, p. 119.

[9] E. HILLESUM, *Diario 1941-1943*, p. 293.

[10] J. H. NOUWEN, *Il guaritore ferito*, Bréscia, Queriniana, 2007 [ed. port.: *O curador ferido*, Lisboa, Paulinas, 2001].

[11] E. HILLESUM, *Diario 1941-1943*, p. 63.

o mal no rosto sem se deixar aniquilar por dentro, o que a tornaria menos capaz de praticar o bem, o belo e o bom. De repente, delineia-se para Etty em que consiste o desafio da sua vida no contexto preciso em que a vida lhe pede para suportar a prova. A primeira prova consiste em assumir a própria finitude, de tal modo que: "Devemos ter a coragem de conceder a nós mesmos pausas e de estarmos cansados", porque, "quem exige demais de si mesmo, não quer aceitar as recaídas".[12] O importante é não fechar os olhos diante do mal e mantê-los ao máximo abertos para apreender em qualquer parte um fragmento de bem, sabendo reconhecê-lo e valorizá-lo:

> Para formulá-lo agora de um modo muito cru – o que provavelmente fará mal à minha caneta-tinteiro: se um homem das SS pudesse matar-me a pontapé, eu ainda levantaria os olhos para olhá-lo no rosto e interrogar-me-ia, com uma expressão de surpresa e medo, e por puro interesse pela humanidade: "Meu Deus, rapaz, o que te terá sucedido de tão terrível na vida para te fazer praticar semelhantes ações?".[13]

Todo o caminho de Etty Hillesum conduzirá a essa secreta mas tão eficaz vitória sobre as lógicas asfixiantes do mal, que terá nas câmaras de gás inventadas pelo regime

---

[12] Ibid., p. 65. Recorde-se que o Diário integral termina com uma frase escrita em maiúsculas: "Há que saber aceitar as próprias pausas!!!" (p. 797; ver também p. 155).

[13] Ibid., p. 55.

nazista um símbolo terrivelmente inquietante. No entanto, o coração parece ser capaz de respirar mesmo quando isso é impossível ao corpo. A experiência de Etty representa, assim, uma esperança e um desafio para cada homem e mulher, sobretudo naquelas situações mais graves e difíceis em que correm o risco de ser forçados a viver situações desumanas, mas também de se deixar desumanizar. O percurso de Hillesum radica num caminho partilhado com outras pessoas que, tal como ela e com ela, tentam dar o melhor de si em tempos claramente difíceis. Nadia Neri transmite-nos o testemunho de uma pessoa que conheceu o ambiente frequentado por Etty e por seus amigos:

> O círculo que Etty frequentava era formado por intelectuais, estudantes, na sua maioria licenciados e artistas promissores... O grupo não estava alinhado politicamente. Embora cada um fosse obviamente antifascista, as soluções para os problemas correntes não eram procuradas no âmbito político. A orientação pendia mais para o filosófico-literário: o mundo das ideias. Provínhamos quase todos de sólidas famílias burguesas e revoltávamo-nos contra os mesquinhos valores burgueses existentes. Procurávamos intensamente novos e melhores valores: era um tempo maravilhoso! [...] O fato de sermos judeus ou gentios era mais uma questão de costumes, de *background* étnico. [...] Não pensávamos no trabalho nem nas carreiras. Pensávamos no mundo e partíamos à sua descoberta. Refletíamos sobre os modos e os motivos pelos quais as pessoas viviam, sobre aquilo que não nos agradava, sobre quais eram os nossos valores e sobre o

modo pelo qual queríamos mudar o mundo. Havia muitíssimos jovens solteiros, de vinte a trinta anos. Com efeito, não me lembro de famílias com crianças pequenas. [...] Líamos a literatura de vanguarda sobre o sexo. [...] Devorávamos a literatura e a filosofia alemã e, no nosso ambiente, em toda parte se falava alemão.[14]

Este ambiente alimentou a vida de Etty Hillesum, mas esta jovem mulher também foi capaz de ir além, não se deixando encerrar sequer neste círculo, aliás, tão amplo. Por exemplo, a opção de não renunciar à língua do ocupante e do perseguidor, que também encontramos em certas passagens do *Diário*, exprime uma capacidade e uma vontade de não se deixar homologar pelo ódio que são forçados a sofrer, nem de se constranger a odiar alguém. Desde as primeiras páginas do seu *Diário*, para Etty, o desafio é óbvio: o importante é não cair na armadilha da demagogia. Di-lo em termos magnificamente claros:

> Será provavelmente o mesmo método que os chefes da propaganda do Terceiro Reich adotam ao instigar as multidões com teorias em que eles próprios não acreditam. Trata-se, substancialmente, de um desprezo ilimitado pelas massas: guardar para si a verdade, pensando que a multidão não seria capaz de suportá-la. [...] Resumindo, gostaria de dizer isto, na realidade: a barbárie nazista faz brotar em nós uma barbárie idêntica que

---

[14] Carta de Leonie Snatager Penney, em N. Neri, *Un'estrema compassione*: Etty Hillesum testimone e vittima del lager, Milão: Mondadori, 1999, p. 94.

utilizaria os mesmos métodos, se hoje não tivéssemos a possibilidade de agir como gostaríamos.[15]

Estas palavras tão lúcidas são a advertência que Etty Hillesum lança à nossa geração para que não caiamos na armadilha de nenhuma demagogia, mas permaneçamos vigilantes no nosso caminho, a fim de verificarmos aquilo que habita o nosso coração sem cedermos à tentação de que até a dor vivida e sofrida possa soar como autorização a fazer outros sofrer tanto. Etty não constitui apenas uma advertência para a humanidade de todos os tempos e de todos os lugares, mas também um exemplo, em primeiro lugar, dessa gratidão crescente que a faz dizer acerca do seu país: "Na Holanda, sim, pode-se verdadeiramente viver".[16] No seu percurso de vida – breve, mas tão intenso – mostrou-nos que até é possível não sobreviver ao mal, mas sem sucumbir ante as suas lógicas. Nestas páginas já indicamos as duas colunas desta resistência existencial ao mal: radicar-se intimamente em Deus e dar frutos de rara humanidade, inclusive em situações desumanas. Talvez isso explique o grande eco que a vida e a mensagem de Etty Hillesum tiveram na nossa geração. Etty Hillesum põe-nos de sobreaviso contra o perigo de ceder à apatia, que poderá sempre conduzir a uma debilidade da alma, dando azo a que o mal se espalhe como

---

[15] E. HILLESUM, *Diario 1941-1943*, p. 54.
[16] Ibid., p. 69.

um câncer, capaz de matar, lenta e inexoravelmente, a nossa capacidade e vontade de sermos verdadeiramente humanos.

Podemos nos despedir de Etty Hillesum, sem nos deixar abandonar pela sua mensagem, com uma poesia de Rilke transcrita por ela no último dos seus cadernos, que durante anos estiveram à espera de poder libertar a sua luz para ajudar, precisamente, a nossa geração a não sucumbir ao mal do esquecimento e a não recair nos mesmos erros dos nossos pais, devido, por vezes, a uma tristíssima inconsciência. Eis a poesia:

Com que débeis forças nós combatemos
aquilo que contra nós combate e que é tão grande;
se nós, mais semelhantes a coisas, nos deixássemos
vergar como eles pela grande tempestade –
tornar-nos-íamos vastos e sem nome.

Pouca coisa é aquilo que nós vencemos,
e o próprio êxito faz-nos pequenos.
[...]

Crescer é para ele: ser, em última instância,
de uma força cada vez mais conquistada.[17]

---

[17] Ibid., p. 794.

Bibliografia

ANCILLI, E. (coord.). *Edith Stein*. Roma: O.C.D., 1987.

ARISTÓTELES. *Ética a Nicômaco*. São Paulo: Martin Claret, 2016.

DEL TON, G. *La preghiera*. Milão: Mondadori, 1984.

DOBNER, C. *Etty Hillesum*. Pagine mistiche. Milão, Ancora, 2007.

DREYER, P. *Etty Hillesum*. Une voix bouleversante. Paris: Desclée de Brouwer, 1997.

ECKHART, M. Il Distacco. In: *Opere tedesche* (coord.: M. Vannini). Florença: La Nuova Italia, 1982.

GERMAIN, S. *Etty Hillesum*. Paris: Pygmalion Gerard Watelet, 1999.

GRANDSTEDT, I. *Ritratto di Etty Hillesum*. Milão: Paoline Editoriale Libri, 2003.

HILLESUM, E. *Diario 1941-1943* (ed. dirig. por Klaas A.D. Smelik; texto crítico de Gideon Lodders e Rob Tempelaars). Milão: Adephi, 2013.

_____. *Lettere 1941-1943* (ed. integ.). Milão: Adelphi, 2013.

INÁCIO DE LOYOLA. *Exercícios espirituais*. São Paulo: Loyola, 2000.

IRINEU DE LYON. *Contra as heresias*. 6. ed. São Paulo: Paulus, 2016. 4 v.

LE GENDRE, O. *Confession d'un Cardinal*. Paris: Lattès, 2007.

NERI, N. *Un'estrema compassione*: Etty Hillesum testimone e vittima del lager. Milão: Mondadori, 1999.

NOUWEN, J. H. *Il guaritore ferito*. Bréscia: Queriniana, 2007 (trad. port.: *O curador ferido*. Lisboa: Paulinas, 2001).

ORÍGENES. *Omelie sulla Genesi* (trad. it. de M. I. Danieli). Roma: Città Nuova, 1978.

RECALCATI, M. *Cosa resta del padre?* La paternità nell'epoca moderna. Milão: Cortina Raffaello, 2011.

RILKE, R. M. *Il Libro d'Ore*. Turim: Einaudi-Gallimard, 1994. vol. 1. [Ed. port.: *O livro de horas*. 2. ed. Rio de Janeiro: Civilização Brasileira, 1994].

_____. *Lettere a un giovane poeta*. Milão: Adelphi, 1980. [Ed. port.: *Cartas a um jovem poeta*. Porto Alegre: L&PM, 2006].

SEMERARO, M. D. *Etty Hillesum*: Dio matura. 3. ed. rev. e ampl. Molfetta: Meridiana, 2013.

THEOBALD, Ch. *Il cristianesimo come stile*: un modo de fare teologia nella postmodernità. Bolonha: EDB, 2009. 2 vols.

Rua Dona Inácia Uchoa, 62
04110-020 – São Paulo – SP (Brasil)
Tel.: (11) 2125-3500
http://www.paulinas.com.br – editora@paulinas.com.br
Telemarketing e SAC: 0800-7010081